CLV

1. Auflage 2024 (CLV)
(Die deutsche Ausgabe erschien zuletzt 2001 im Christlichen Missions-Verlag, Bielefeld.)

Originaltitel: *Thunder of Triple R Ranch*
Originalverlag: Moody Press, Chicago

Christliche Literatur-Verbreitung e.V.
Ravensberger Bleiche 6 · 33649 Bielefeld
www.clv.de

Übersetzung: Wolfgang Steinseifer
Satz: EDV- und Typoservice Dörwald, Steinhagen
Umschlag: Lucian Binder, Marienheide
Druck und Bindung: CPI books GmbH, Leck

Artikel-Nr. 256766
ISBN 978-3-86699-766-0

Betty Swinford
Stormy
Jung & Jünger

INHALT

MIT STORMY STIMMT WAS NICHT

Stormy war ein Pferd, das sich die Leute für gewöhnlich zweimal ansahen. Und selbst dann zweifelten sie noch, ob sie richtig gesehen hatten.

Ricky Carlson war es auch so ergangen, als er Stormy zum ersten Mal gesehen hatte. Damals war Stormy noch ein neugeborenes Fohlen gewesen. Es hatte gerade versucht, auf seinen dünnen wackeligen Beinen zu stehen. Noch nie zuvor hatte Ricky ein Pferd gesehen, das so gezeichnet war wie Stormy.

Heute war Stormy ein großes und starkes Pferd. Schon von Weitem konnte man es an seiner Färbung erkennen: Schneeweiß wechselte mit Stahlgrau ab. Nur quer über seinen Rücken lief ein pechschwarzer Streifen, der wie ein natürlicher Sattel wirkte. Wenn er über die Weide galoppierte, wurde man unwillkürlich an ein losbrechendes Gewitter erinnert. In seinen Adern schien Feuer zu fließen und seine Hufe erzeugten dazu den Donner. Seit langer Zeit hatte er den Bewohnern der Carlson-Ranch klargemacht, dass er Ricky gehörte, ganz allein Ricky.

Ricky stand stolz neben seinem Pferd auf der felsigen Hochebene. Er streichelte den mächtigen weißen Hals des Tieres und sah zu, wie der Wind durch die seidige Mähne wehte.

»Dein Stormy ist wirklich ein herrliches Pferd, Ricky«, sagte sein Cousin nach einer Weile. »Zuerst hat er mir nicht besonders gefallen. Er hat – nun, weißt du –, er hat so komisch zusammengewürfelte Farben. Aber je länger ich ihn ansehe ... Da, schau dir doch bloß seinen schneeweißen Hals und sein graues Hinterteil an! Und dann den schwarzen Flecken auf seinem Rücken!« David seufzte tief. »Ach, ich wünschte nur, ich hätte auch so ein Pferd!«

Ricky grinste. Dabei blitzten seine weißen Zähne und ließen seine vielen Sommersprossen noch dunkler erscheinen. »Ja, Stormy ist in Ordnung!«, sagte er nur. Aber seine braunen Augen leuchteten stolz. Er nahm den breitrandigen Hut vom Kopf und ließ den kühlen Wind mit seinen dunkelbraunen Locken spielen. Dann setzte er den Hut wieder auf und kniete sich ans Lagerfeuer, um sich die Hände zu wärmen.

David hockte sich neben ihn. »Weißt du, ich bin wirklich froh, dass Vati und Mutti mich hiergelassen haben!«

»Ja, es ist wirklich klasse, dass du hier bist!«, sagte Ricky schnell. »Im Umkreis von zehn Kilometern gibt es keinen einzigen Jungen in meinem Alter. Und eins kann ich dir sagen: In unserer Gegend bedeuten zehn Kilometer so viel wie anderswo zwanzig!«

David hörte gar nicht richtig zu. Er ließ seine blauen Augen über die hohen Tannen, die Bergeichen und die niedrigen Kiefern schweifen. Er betrachtete die großen Geröllfelder und den herrlichen Schnee, der die Tannen bedeckte. Der würzige Geruch von Harz und Tannennadeln erfüllte die Luft. Dieser Duft wurde nun noch stärker, da die Jungen frische Holzscheite ins Feuer geworfen hatten.

Davids Augen blickten in die Ferne und Ricky fragte sich: *Ob David wohl daran denkt, dass er bald wieder von uns fortmuss?* Davids Eltern arbeiteten als Missionare auf den Philippinen. Dort gab es aber keine Schule, die David besuchen konnte. So hatten seine Eltern ihn nach ihrem letzten Heimaturlaub auf der Ranch zurückgelassen. Im nächsten Jahr würde jedoch eine neue Missionsschule fertig sein. Allerdings merkte man David an, dass er aus irgendeinem Grund … nun, dass er die philippinischen Inseln hasste.

»Ich schätze, es gibt keinen Grund noch länger hierzubleiben, was, Ricky? Wir haben das Pferd gefunden, das wir für deinen Vater suchen sollten. Und ich glaube, ich bin auch langsam wieder aufgetaut!« David grinste und zog sich seine roten Ohrenschützer fester über die Ohren.

Ricky trank seinen heißen Kakao aus. Dann steckte er seine zusammenfaltbare Blechtasse in die Hosentasche.

Er zog seine Handschuhe an und erstickte das Feuer mit einigen Handvoll Schnee. Nun sprang er mit der Leichtigkeit eines geübten Reiters auf den ungesattelten Rücken seines Pferdes.

»Komm, Dusty!«, rief er der hellen Stute zu, die er mit dem Lasso eingefangen hatte. »Wir bringen dich zum Paddock hinunter. Da ist es warm und geschützt. Dort kannst du dann dein Fohlen bekommen.«

Stormy wieherte und nickte mit dem Kopf, als habe er Rickys Worte verstanden. Dann ritten sie los. Dusty folgte Ricky geduldig. David, der sich im Sattel noch nicht so recht wohlfühlte, folgte in einigem Abstand.

Der Weg führte ständig bergab. David bemerkte nichts Außergewöhnliches auf dem Weg, aber Rickys scharfen Augen entging nichts. Einmal sah er drei junge Rehböcke. Sie hoben lauschend die Köpfe. Dann ergriffen sie die Flucht und man konnte nur noch von Ferne das Knacken des Unterholzes hören. Wenig später erblickte Ricky die listigen Augen eines Kojoten, gerade bevor dieser wieder zwischen den Felsbrocken verschwand.

»Junge, Junge, das ist ja vielleicht eine Strecke!«, brummte David, der Ricky inzwischen eingeholt hatte. »Hätte nie geglaubt, dass man in diesen zerklüfteten Bergen überhaupt reiten kann!«

»Och, hier in den Catalina-Bergen gibt es überall Wege«, sagte Ricky. »Meistens sind es Wildwechsel, aber ein gutes Pferd kann solche Pfade ohne Weiteres benutzen. Und wenn es für die Pferde zu steil wird, kommt man mit dem Esel weiter.«

Ricky hatte die letzten Worte kaum ausgesprochen, da stolperte Stormy über einen Felsbrocken. Er verlor mit beiden Vorderhufen den Halt und rutschte einige Meter, bevor es ihm gelang sich wieder aufzurappeln. Dann hob das Tier seinen großen weißen Kopf und blickte Ricky über seine Schultern an. Stormy wollte sich davon überzeugen, dass seinem Herrn nichts passiert war.

»Der Schnee hat bestimmt den Felsen verdeckt«, rief David.

Ricky wurde plötzlich von einer seltsamen Furcht gepackt. David hatte Unrecht. Der Felsbrocken war gut erkennbar gewesen. Aber Ricky wollte das nicht zugeben. Nie im Leben hatte er ein Pferd geritten, das so sicher auf den Beinen war wie Stormy. Wie hatte das eben nur passieren können? Stormy musste entweder müde oder für eine Sekunde unachtsam gewesen sein.

Immer noch führte der Pfad bergab. Die Tannen standen nicht mehr so dicht. Hier lag auch nicht mehr so viel Schnee, außer im tiefen Schatten, in den die Sonne nicht eindrang. Der Boden war von Geröll übersät. Aber hier begannen die Mesquitebäume und weite Flächen waren mit Ocotillo bedeckt, einer Pflanze mit langen, peitschenartigen Ästen. Im Frühling trug diese Pflanze an den Spitzen der Äste rote Blüten.

Endlich erreichten die beiden Jungen die Ranch. Sie führten Dusty in einen warmen Stall. Dort konnte sie in Ruhe ihr Fohlen zur Welt bringen. Dort würde es geborgen sein.

David hantierte an seinem Sattel herum. »Glaubst du, ich werd es je lernen, wie man den Sattelgurt an- und abschnallt?«

Ricky musste lachen, obwohl er entsetzlich fror. »Na klar! Du kriegst den Dreh schon noch raus. Sieh mal: Das Ende hier rausziehen, dann runter durch diesen Ring, wieder runter und schon ist es geschehen!« Er grinste. »Und denk daran: Wenn du den Sattel festschnallen willst, dann brauchst du die ganze Prozedur nur umgekehrt zu machen!«

David runzelte die Stirn. »Tolle Sache! Wenn ich das nur alles behalten könnte! Dann wär ich eine ganze Menge schlauer, als meine Lehrer es für möglich halten.«

Ricky eilte schon mit langen Schritten vom Paddock zum Haus. David war ein ganzes Stück kleiner und dicker als sein Cousin. So musste er rennen, um mit Ricky Schritt zu halten.

»Guten Abend, Mutti«, sagte Ricky, als er in die Küche kam. Er schnupperte an dem Gebäck, das seine Mutter eben frisch aus dem Backofen geholt hatte. Dann ging er hinaus, um seine Jacke aufzuhängen. »Ist Vati noch nicht zurück?«

Rickys Mutter setzte einen Topf mit Milch auf den Herd. »Nein, er ist noch nicht da. Sieh dir übrigens mal den Himmel an! Die Wolken sehen ganz so aus, als seien sie mit Schnee gefüllt! Das wird bestimmt ein harter Winter.« Sie drehte sich lächelnd zu Ricky um. Die Art, wie seine Mutter lächelte, hatte Ricky immer besonders gut gefallen. »Meinst du, ich könnte euch beide wohl dazu überreden, heiße Schokolade und ein paar Plätzchen zu probieren?«

Ricky schien sie gar nicht zu hören. Er stand neben dem warmen Herd und taute seine steifen Glieder auf. In Gedanken versunken starrte er auf den Herd, in dem ein helles Feuer brannte.

»Mich brauchst du bestimmt nicht lange zu überreden, Tante Ruth!«, sagte David begeistert.

Ricky war mit seinen Gedanken immer noch weit weg. *Irgendetwas stimmt in den letzten Tagen mit Stormy nicht,* dachte er. *Wenn ich nur wüsste, was. Wie er heute gestolpert ist! Man könnte meinen, seine Beine wären nicht in Ordnung. Vielleicht ist ein Hufeisen locker, oder ...*

»Stimmt was nicht?«, fragte seine Mutter ihn freundlich.

Ricky blickte rasch zu seiner Mutter auf. »Wie? Ach, es ist alles in Ordnung, Mutti! Ich – ich habe bloß gerade über etwas nachgedacht. Übrigens, Dusty wird ihr Fohlen bestimmt bald bekommen!«

»Ich glaube auch. Kein Wunder, dass Vati euch bat sie von den Bergen runterzuholen. Es sieht so aus, als bekämen wir bald wieder Schnee.« Mrs Carlson goss heiße Schokolade in die Tassen und stellte einen Teller mit knusprigem warmem Gebäck auf den Tisch. »Und ich hoffe nur, dass Onkel Paul noch vor dem Schneefall von Oracle hier ankommt!«, fuhr sie an David gewandt fort.

Oracle war eine staubige kleine Bergstadt. Von der Ranch war sie fast dreißig Kilometer entfernt. Selbst wenn Mr Carlson die schmale, zerklüftete Bergstraße so schnell wie möglich entlangritt, würde er doch wenigstens eineinhalb Stunden für den Heimweg brauchen. Die nächstgelegene größere Stadt war Tucson. Und die war achtzig Kilometer entfernt.

Im Sommer ritten die Carlsons für gewöhnlich alle vierzehn Tage einmal nach Oracle. Das war allerdings nur möglich, wenn der Regen die Straße nicht aufgeweicht hatte. Im Winter jedoch mussten sie oft einen

Monat oder länger auf der Carlson-Ranch bleiben, denn der hohe Schnee machte eine Reise unmöglich.

In dieser Zeit waren die Carlsons ganz von der Außenwelt abgeschnitten und hielten deshalb während dieser Monate jede Woche im Wohnzimmer selbst einen Gottesdienst ab. Alle saßen um den großen offenen Kamin herum, man sang Lieder und Mr Carlson hielt die Predigt.

»Hmm, die Kekse schmecken ganz toll, Mutti!«, sagte Ricky.

»Danke für das Kompliment!«, sagte eine helle Stimme hinter seinem Rücken.

Ricky drehte sich um und stand seiner zehnjährigen Schwester Margret gegenüber. Sie lehnte im Türrahmen und grinste von einem Ohr zum anderen. Sie hatte strahlend blaue Augen und einen langen braunen Pferdeschwanz.

Jetzt kam sie in die Küche und sagte neckend: »Mensch, das hätte ich mir im Traum nicht einfallen lassen! So gut schmecken dir also meine Kekse!«

Ricky suchte nach einer passenden Antwort. Aber er konnte nur lachen. Seit Monaten hatte er seine Schwester mit ihren Kochversuchen aufgezogen. Und nun saß er da und verschlang ihre Plätzchen, als habe er noch nie etwas Besseres gegessen! Und sie waren tatsächlich prima. Das musste er im Stillen zugeben.

Margret sah aus dem Fenster. Sie beobachtete die dicken grauen Wolken und blickte dann zum Paddock hinüber. »Sag mal, was ist denn eigentlich mit Stormy los?«, fragte sie.

Ricky rannte zum Fenster und zog die Vorhänge auseinander. »Was meinst du? Was ist denn passiert?«

»Oh, im Augenblick ist mit Stormy alles in Ordnung«, antwortete Margret schnell. »Aber hast du denn nicht gesehen, wie er in den letzten Tagen auf der Koppel herumgetorkelt ist? Man könnte fast meinen, er sei ein klappriger alter Gaul oder so.«

Ricky musste wieder daran denken, wie Stormy heute gestolpert war. »Ich gehe noch mal zu ihm runter«, sagte er, während er sich einen letzten Keks in den Mund stopfte. »Es ist sowieso Zeit, die Pferde zu füttern.«

Er schlüpfte in seine warme Jacke und schlug den Kragen hoch, um sich gegen den scharfen Ostwind zu schützen. Ricky war froh, dass David nicht angeboten hatte mitzukommen. Er steckte sich einen Apfel in die Tasche und machte sich auf den Weg zum Paddock. Der Himmel war mit schwarzen Wolken verhangen und dicke Schneeflocken tanzten vor Rickys Augen auf und ab. In der Ferne hörte er einen Lastwagen, der sich keuchend die schlammige Straße zur Ranch hinaufarbeitete.

Ricky sprang mit einem Satz über den Zaun der

Koppel und ging zum Wassertank hinüber. Das tat er immer so. Im Laufe der Zeit hatten er und Stormy dabei ein bestimmtes Spiel ausgeheckt. Ricky stellte sich mit einem Apfel in der Hand neben den Wassertank. Stormy tat dann so, als habe er Ricky nicht bemerkt. Dieser legte den Apfel auf den Rand der Tränke und ging wieder weg. Nach einem Augenblick raste Stormy dann auf die Tränke zu und schnappte sich mit seinen großen weißen Zähnen den Apfel. Das Spiel endete damit, dass Ricky Stormy wegen des Diebstahls scherzhaft ausschimpfte, während Stormy an seinem Ohr und an seiner Schulter herumknabberte.

Heute stand Stormy am Ende der Koppel, dem Tank gegenüber. Er wieherte Ricky eine Begrüßung zu. *Er sieht genau wie ein heraufziehender Schneesturm aus*, dachte Ricky. *Ganz weiß, mit dicken grauen Wolken.* Ricky begann das gewohnte Spiel. Er legte den Apfel auf die Tränke und lehnte sich dann abwartend gegen den Zaun. Stormy nickte mit dem Kopf und wieherte freudig. Dann kam er auf Ricky zu – ohne den Apfel zu beachten.

Ricky rümpfte seine sommersprossige Nase. »He, was ist denn los mit dir, alter Junge? Nun mal los, hol dir deinen Apfel!«

Aber Stormy blieb bei seinem Herrn stehen und ließ sich von ihm streicheln. Seine dunklen Augen schweiften in die Ferne, über die Felsen und Hügel. Mit einem Huf scharrte er ungeduldig auf dem Boden herum.

Ricky holte den Apfel und streckte ihn Stormy hin. Der verschlang ihn gierig. Eigentlich hatte Ricky vorgehabt, nach Stormys Beinen und Hufen zu sehen. Aber nun ließ er es doch bleiben. Eine leise, zermürbende Angst hatte ihn plötzlich ergriffen.

»Was ist nur mit Stormy los, Herr Jesus?« Die Worte gingen im Heulen des Sturms unter. Aber Ricky wusste, dass sein Heiland sie gehört hatte. »Was hat Stormy bloß? Warum hat er heute den Apfel nicht geholt, wie er es sonst immer getan hat?«

Ricky sprach oft so mit seinem Herrn Jesus. Er redete mit ihm wie er mit seinen Eltern oder seinen Freunden redete. Der einzige Unterschied war: Dem Herrn Jesus konnte er auch die Dinge anvertrauen, über die er sonst mit niemandem sprechen konnte. In Jesus hatte Ricky einen gütigen und verständnisvollen Freund gefunden.

Auf dem Weg zum Haus wurde Ricky die ganze Zeit von der seltsamen Angst um Stormy bedrückt.

DUNKLE WOLKEN ÜBER DER CARLSON-RANCH

Ein helles Feuer flackerte und prasselte im steinernen Kamin. Ricky saß auf dem Fußboden. Er hatte seine Knie bis zum Kinn hochgezogen und starrte in die Flammen. Die Familie hatte eben ihre Abendandacht beendet. David hatte vorher eine Entschuldigung gemurmelt und war zu dem Zimmer hinaufgegangen, das er mit Ricky teilte.

Das verwirrte und bedrückte Ricky. Davids Eltern waren doch Missionare! Von Kind an hatte David also gehört, dass Christus für ihn gestorben war. Und doch fand er immer eine Entschuldigung, um nicht an der Abendandacht teilnehmen zu müssen. Ricky konnte das einfach nicht begreifen.

In diesem Augenblick betrat Mr Carlson leise den Raum. Er stellte sich neben den Kamin. Sein Gesicht war von Wind und Wetter gegerbt. Unter seinem Hemd zeichneten sich seine stählernen Muskeln ab. Mit seinen fast zwei Metern Körpergröße konnte man ihn wirklich als Riesen bezeichnen. Er hatte dunkelbraunes Haar wie Ricky und blaue Augen wie Margret. Ricky hatte seine dunklen Augen von seiner Mutter geerbt.

»Irgendetwas stimmt nicht, Ricky.« Das war keine Frage.

Ricky schluckte den schmerzhaften Kloß in seiner Kehle hinunter. »Ehrlich, Vati, ich weiß es nicht!« Er wollte nicht gerne über seine Sorgen sprechen. Noch nicht. Heute nicht, wo der Schnee unaufhörlich fiel und der Wind wild ums Haus und durch die kahlen Bäume heulte.

»Du möchtest nicht darüber sprechen?«

Ricky blickte in die Augen seines Vaters. Dann wandte er den Blick wieder ab und starrte erneut in die flackernden Flammen im Kamin. »Bist du mir böse, Vati, wenn ich noch damit warte? Vielleicht – vielleicht bis morgen?«

Vielleicht würde morgen wieder alles in Ordnung sein. Vielleicht würde Stormy morgen nicht mehr stolpern. Vielleicht würde er morgen wieder seinen Apfel holen und alles wäre gut. Es musste einfach so sein!

Wenig später ging Ricky in sein Zimmer hinauf. David war bereits da. Er lag auf seinem Bett und schien in ein Buch vertieft zu sein. Aber in Wirklichkeit beobachtete er über den Rand des Buches seinen Cousin.

»Bist du auch so müde wie ich?«, stöhnte David endlich.

Ricky zog seine Stiefel aus und stellte sie neben die Tür. »Ich glaube schon!«

David stützte sich auf einen Ellenbogen auf. »Da draußen scheint schwer was los zu sein. Es stürmt ja gewaltig!«

Ricky nickte. »Wir haben oft solche Stürme um diese Jahreszeit.«

»Schrecklich bedrückend, was, Ricky?« David kratzte sich nachdenklich am Kinn. »Man kann dabei ja richtig trübsinnig werden. Der Sturm heult um das Haus. An den Fenstern pappt Schnee. Und überall das gleiche Bild – kilometerweit ...«

Ricky versuchte seine Gedanken von Stormy draußen auf der Koppel loszureißen. Er merkte, dass David in niedergedrückter Stimmung war und ein Gespräch brauchte.

»Was wohl deine Eltern im Augenblick machen?«, fragte Ricky. Er bemühte sich, seiner Stimme einen interessierten Klang zu geben.

Aber diese Frage verschlechterte Davids Laune nur noch. Seine Augen verengten sich und er biss die Zähne zusammen. »Die besuchen bestimmt gerade eine Eingeborenenfamilie in irgendeinem Dschungeldorf. Da hocken sie zwischen Hühnern und Schweinen und all den anderen auf einer Bambusmatte.«

Ricky spürte die Bitterkeit in der Stimme seines Cousins. Er lachte gezwungen und sagte rasch: »Das erinnert mich an mein verrücktes Huhn. Du weißt doch: Frosty. Immer, wenn ich im letzten Sommer vergaß, meine Schlafzimmertür zu schließen, stolzierte das Tier mir nichts, dir nichts hier herein und legte ein Ei – auf meinem Bett!«

David lächelte. »Da drüben ist alles anders«, sagte er dann. Er ließ sich auf sein Kissen zurückfallen und seufzte. »Es ist großartig hier auf der Ranch, Ricky. Ich würde alles geben – alles! – wenn ich nur hierbleiben könnte!«

Während der ganzen Nacht hielt der Sturm an. Er türmte den Schnee um die Carlson-Ranch auf. Der Schnee füllte die Ritzen des Koppelzauns, überzog die kahlen Bäume mit einem weißen Mantel und bedeckte sogar die Fenster des Ranchhauses. Bis fünf Uhr des folgenden Tages schneite es ununterbrochen.

Am nächsten Morgen war die Bergstraße von den Schneemassen blockiert und der Schulbus konnte nicht durchkommen. So lernten die Kinder zu Hause und machten sich auf der Ranch nützlich.

Während David die Hühner fütterte, blieb Ricky stehen, um ein weißes Huhn auf den Arm zu nehmen, das auf ihn zuhüpfte. Hoppy war ein verkrüppeltes, nutzloses Huhn, aber alle liebten die Henne. Sie war der Liebling der ganzen Ranch, denn keiner brachte es übers Herz, sie zu töten.

Kaum hatte Ricky Hoppy im Arm, da kam Frosty angerannt. Eifersüchtig flog sie auf Rickys Schulter und wollte die ihr gebührende Aufmerksamkeit auf sich ziehen. Ricky wusste, dass ihr beständiges »Tuck-tuck« eine Beschimpfung sein sollte.

David lachte aus vollem Halse. »Also ehrlich, Ricky, bevor ich hierherkam, habe ich nicht gewusst, dass sogar Hühner eine Persönlichkeit haben!«

»Die beiden hier haben bestimmt eine!« Ricky streichelte Frostys Federn und sie flatterte befriedigt davon. Dann ging er weiter zum Paddock.

Beim Geräusch von Rickys Schritten kam Stormy aus seiner Box. Er schnaubte einen Willkommensgruß. Heute sah Stormy schneeweiß aus – bis auf den seltsamen sattelförmigen schwarzen Flecken auf seinem Rücken. Schnell kam Stormy auf seinen Herrn zu. Er schnupperte an Rickys Taschen herum, um diese nach einem Stück Zucker zu durchsuchen. Er fand auch eins. Ricky drehte sich um und ging zum Tank, um nachzusehen, ob Wasser darin war. Stormy wollte ihm folgen, aber da stolperte er plötzlich.

Ricky hob den Kopf. »Stormy! Was ist denn bloß los, alter Junge? Was ist denn mit deinen Hufen los?« Er tippte

Stormys Vorderhand leicht an. Gehorsam hob Stormy den Huf. Ricky suchte jede Ritze ab. »Das Hufeisen ist nicht lose«, murmelte Ricky leise. »Und kein Stein oder Dorn oder sonst etwas zwischen Eisen und Huf.«

Stormy stand mit gesenktem Kopf da. Ab und zu nickte er zustimmend zu Rickys Worten. Rickys Herz wurde immer schwerer.

Anschließend ging er noch bei Dusty vorbei, um sich davon zu überzeugen, dass es ihr gut ging. Die Stute wieherte zur Begrüßung und Ricky gab ihr etwas Hafer und ein Stück Zucker. Dusty war eine gute Stute. Man konnte sich darauf verlassen, dass sie ein gutes Fohlen werfen würde.

Im Laufe des Tages verzogen sich die Wolken und die Sonne kam heraus. Sie spendete Wärme und verbesserte die Laune der Ranchbewohner. Der Schnee begann zu schmelzen und dem felsigen Bergbach nördlich des Mannschaftshauses zuzufließen. Dort wohnte der mexikanische Knecht Augustin mit seiner Frau. Die hohen Bergweiden, die nicht in der Sonne lagen, waren immer noch hoch mit Schnee bedeckt.

Am frühen Nachmittag sagte Mr Carlson zu Ricky: »Du reitest besser mal mit Stormy zur Lemmonberg-Straße, um nachzusehen, ob sie befahrbar ist.«

Ricky und David hatten bis jetzt auf dem weichen

Teppich vor dem Kamin gelegen und sich gegenseitig Rechenaufgaben gestellt. Zwischendurch hatte Ricky immer wieder in die Flammen gestarrt oder das Winchestergewehr seines Vaters angesehen, das über dem Kamin hing. Nun war er froh, dass er die Gelegenheit bekam, aus dem Haus zu kommen. So konnte er auch gleich schauen, ob Stormy wieder stolpern würde.

Die beiden Jungen rannten los, um ihre Jacken zu holen. Dann liefen sie zum Paddock, in dem Stormy schon ungeduldig mit den Hufen stampfte, und Ricky freute sich auf den Ritt in der kalten Luft. Er streifte Stormy die Zügel über. Dann sprang er auf den Rücken des Pferdes. Er brauchte keinen Sattel.

»He, warte, Ricky! Ich komme noch nicht mit dem blöden Ding hier zurecht!«

Ricky grinste, während sich sein Cousin mit dem Sattelgurt abmühte. »Ja, gut so, David! Nur noch etwas strammer ziehen, sonst könntest du unterwegs plötzlich einen Sattel weniger haben!« David befolgte Rickys Anweisungen. Dann stieg er auf. Er ritt Comanche, ein geschecktes Pony.

Stormy trabte auf das Tor zu und Ricky öffnete es – wie es sich für einen echten Cowboy gehört – ohne abzusteigen. Auf der felsigen, kurvenreichen Straße, die zur Ranch führte, war fast der ganze Schnee geschmolzen.

»Sieht ja an manchen Stellen ganz schön verwüstet aus«, bemerkte David.

Ricky nickte. »Wenn der Schnee zu schmelzen beginnt, ist die Straße immer in einem schlechten Zustand. Aber das ist noch gar nichts! Du solltest sie mal nach einem richtigen Wolkenbruch sehen! Dann ist an manchen Stellen der Boden mit tiefen Furchen durchzogen, an anderen Stellen ist die Straße nur noch ein einziges Geröllfeld.«

Überall da, wo die Straße durch den Schatten führte, lag noch Schnee. So wechselten auf der Lemmonberg-Straße, die nach Oracle führte, ständig Schnee mit dunkelbraunem Lehm.

David schnitt eine Grimasse, als er die Straße betrachtete. »Wenn es diese Nacht keinen Schnee mehr gibt, dann wird der Schulbus wohl morgen durchkommen«, sagte er. Es klang, als ob er auf einen neuen Schneesturm hoffte.

Ricky wandte nun Stormy vom Weg ab, in Richtung der weiten Weideflächen. Dabei stieß er ihm leicht die Knie in die Flanken. Stormy nahm das Signal sogleich auf und stürmte freudig los. *Stormys Beine sind doch in Ordnung!*, dachte Ricky. *Den ganzen Nachmittag über ist er kein einziges Mal gestolpert.* Stormys Hufe schienen kaum den Boden zu berühren. Er schien mit dem Wind zu fliegen. Er war wie eine große Wolke: wild und frei und voller

Feuer. Der Junge und sein Pferd kannten sich so gut, dass ihre Körper eins zu sein schienen.

Doch dann, mitten im schnellsten Galopp, geschah es plötzlich. Stormy raste unter dem weit vorstehenden Ast eines dornigen Mesquitebaumes hindurch. Einen Augenblick später lag Ricky ausgestreckt in einer Schneewehe. Benommen fuhr er sich mit der Hand durch das Gesicht. Gleich darauf sah er, dass sein Handschuh rot geworden war. Sein Gesicht war so kalt gewesen, dass er kaum gespürt hatte, wie die Dornen sein Gesicht zerkratzt hatten. Aber nun begann seine Haut zu brennen. Langsam stand Ricky auf.

Einige Schritte weiter war Stormy stehen geblieben. Verwirrt drehte er sich um und starrte Ricky an. Dann kam er langsam zu seinem Herrn zurück. Er schüttelte wild den Kopf und wieherte traurig.

»Ricky!« David war inzwischen mit Comanche an der Unglücksstelle angekommen und sprang nun vom Rücken seines Ponys.

»Ricky! Was ist passiert? Bist du verletzt?«

Ricky versuchte das Blut von seiner Jacke abzuwischen. Er sah David nicht an. »Ist schon gut, David. Mir ist nichts passiert.«

Stormy presste seine kalten Nüstern an Rickys Wange und wieherte leise. Ricky spürte, wie seine starken

Muskeln zitterten. Auf diese Weise wollte Stormy ihm sagen: *Entschuldige bitte! Es tut mir leid!* Es war keine Unachtsamkeit Stormys gewesen, das wusste Ricky auch. Er wusste, was mit Stormy los war. Er wusste es seit dem vergangenen Abend – als Stormy nicht zur Wassertränke gekommen war, um seinen Apfel zu holen. Aber Ricky hatte das nicht zugeben wollen – nicht einmal sich selbst gegenüber. Es lag nicht an Stormys Beinen oder Hufen. Irgendetwas war mit seinen Augen los. Aber das konnte doch nicht sein, das durfte nicht sein! *O bitte, himmlischer Vater!*, betete er still. *Lass es nicht so sein!*

David, der neben Ricky stand, sah verwirrt aus. »Das ist Stormy doch noch nie passiert, Ricky. Er muss von dem Ritt so begeistert gewesen sein, dass er einfach nicht auf den Weg geachtet hat. Oder du hast vergessen, ihn zu zügeln.«

Ricky konnte David keine Antwort geben. Er brauchte Stormy nicht zu zügeln, wenn Hindernisse im Weg waren. Stormy liebte ihn so sehr, verstand ihn so gut, dass er stets in weitem Abstand um alles herumritt, was seinen Herrn verletzen könnte. Nein, da war ein ganz anderer Grund. Stormy hatte den Ast des Mesquitebaumes einfach nicht gesehen!

Als die Jungen nach Hause kamen, erzählte Ricky seiner Mutter so kurz und einfach wie möglich, was geschehen war. Er brachte es nicht fertig, ausführlich darüber zu sprechen. Mrs Carlson bemerkte seine Scheu und Zurückhaltung und so versuchte sie auch nicht, Ricky zum Reden zu bewegen. Sie wusch nur die Schrammen in seinem Gesicht aus und bestrich sie mit einer Salbe.

»Die Schrammen sind nicht tief, Ricky«, tröstete sie ihn. »Du wirst schon sehen: In ein paar Tagen ist dein Gesicht wieder so gut wie neu!«

Margret stand in der Nähe und Ricky wünschte sich im Stillen, sie möge weggehen. Er musste jetzt allein sein. Er wollte nachdenken und beten. Gott würde es bestimmt nicht zulassen, dass irgendetwas mit Stormys Augen passierte.

Bald darauf saß Ricky allein im Wohnzimmer. David war ins Jungenzimmer gegangen und Margret war in der Küche und half ihrer Mutter. Wenig später kam Mr Carlson mit raschen Schritten ins Zimmer. Er schien den ganzen Raum auszufüllen, als er auf Ricky zukam.

»Ich hörte, du bist heute abgeworfen worden, mein Junge.«

Ricky nickte niedergeschlagen. »Ich hätte ihn besser zügeln sollen, Vati.«

Mr Carlson sah Ricky einen Augenblick lang nachdenklich an. »Stormy hat den Mesquiteast nicht gesehen, nicht wahr, Ricky?«

Irgendwie hatte sein Vater eine ganz besondere Art, sich Geschehenes zusammenzureimen – und er hatte meistens recht. Ricky nickte und seine Augen hingen am Abzug des Winchestergewehres, ohne ihn wirklich zu sehen.

»Nun, Ricky, unser alter Doktor Meadows wird in den nächsten Tagen hier vorbeikommen, wenn die Straßen nicht blockiert sind. Dann kann er ja mal nach Stormy sehen.«

Ricky schöpfte plötzlich wieder etwas Hoffnung. Doktor Meadows aus Tucson machte, sooft es das Wetter erlaubte, seine Runde zu den Farmen in dieser Gegend. Er hatte schon lange seine Praxis als Tierarzt aufgegeben. Aber er half den Ranchern noch immer gern und war natürlich auch froh über das zusätzliche Taschengeld, das er sich so verdienen konnte. Sein Rat und seine Hilfe wurden von allen sehr geschätzt, denn es gab keinen anderen Tierarzt in der ganzen Gegend.

»Und in der Zwischenzeit«, lächelte Mr Carlson, »werden wir alle für Stormy beten. Gott weiß besser, was dem Tier fehlt, als wir alle zusammen!«

Aber auch diese Worte konnten Ricky nicht beruhigen. Er hatte nur immer die Sturmwolken vor Augen, die sich über der Carlson-Ranch zusammenzogen.

EIN AUSFLUG NACH ORACLE

Tiefes Dunkel hing über der Carlson-Ranch. Nur dann und wann brach das Mondlicht fahl durch die dicke Wolkendecke. Der Nachtwind flüsterte und ächzte durch die hohe Pappel in der Nähe des Paddocks. Ricky kannte dieses Geräusch genau, aber es machte ihn doch immer wieder traurig. Hoch im Gebirge heulte ein Kojote den Mond an.

Ricky, der sich an den rauen Koppelzaun gelehnt hatte, lief es kalt den Rücken hinunter. Stormy stand an seiner Seite. Ricky spürte, dass auch seine mächtigen Muskeln ein Zittern überlief.

»Irgendwie gespenstisch heute Nacht, was, Stormy?«, grinste er. »Aber wir haben es trotzdem gern, nicht wahr?«

Ein anderes Geräusch klang durch die Dunkelheit zu ihnen herüber. Es klang wie das ärgerliche Fauchen einer Wildkatze.

Obwohl es von weit her zu kommen schien, schlang Ricky seine Arme um Stormys mächtigen weißen Hals. Wieder überlief ein Zittern Stormy. Begann er etwa die Geräusche der Tiere zu fürchten, gegen die er sich nicht mehr zur Wehr setzen konnte? Ricky presste sein Gesicht gegen den warmen Hals des Pferdes und seine Finger spielten mit der langen Mähne. Es fiel ihm ein – obwohl er nicht daran denken wollte –, dass Stormy den Apfel auf dem Wassertank wieder nicht gesehen hatte.

»Du noch sehr spät draußen, was, Ricky?«

Das war Augustins Stimme. Erschrocken fuhr Ricky auf dem Absatz herum. Er hatte den Mann gar nicht kommen hören. Augustin war schon lange auf der Ranch. Als Ricky noch ein kleines Kind war, hatte der Mexikaner bei den Carlsons als Knecht Arbeit gefunden. Im Laufe der Jahre war er Ricky ein lieber und vertrauter Freund geworden. Er hatte eine dunkle lederartige Haut. Um seine Augen herum hatten sich viele Falten eingegraben. Sein Haar war schon an manchen Stellen grau und manchmal sahen seine Augen müde aus. Aber sein Körper war noch stark und drahtig. Ricky kannte niemanden, der besser reiten konnte als Augustin.

»Ich – äh – ich bin noch mal rausgekommen, um Stormy zu besuchen, Augustin.« Ricky zögerte. Augustin sah und hörte Dinge, die sonst niemand bemerkte. Es würde schwer sein, ihm etwas zu verheimlichen. »Augustin, mit Stormy ist doch alles in Ordnung; er – er ist doch ganz gesund, oder?« Augustin hatte seinen breitrandigen Hut nicht auf, so glänzte sein Haar silbern im Mondlicht.

Er kam nun näher und legte eine Hand auf Stormys Nase. »Es tut mir leid, aber ich denken, dass Stormy krank in Augen. Ich sehen seltsame Wolke in ihnen. Ich denken, du auch sehen, Sohn.«

Ricky musste ein paarmal schlucken. Er versuchte zu sprechen, aber die Worte blieben ihm im Hals stecken.

Augustin tätschelte Stormys Hals liebevoll. »Sein sehr spät, Ricky. Du besser gehen in Bett.« Damit machte er kehrt und ging zum Mannschaftshaus zurück.

Als Ricky allein war, nahm er wieder die Geräusche der Nacht in sich auf. Das Brüllen eines Hereford-Stiers, das Heulen eines Kojoten, das Rauschen des Wassers im Bach, das Ächzen des Windes. Der Schnee war inzwischen fast überall geschmolzen. Die Lemmonberg-Straße war jetzt zerklüftet und tief mit Morast bedeckt. Bis jetzt hatte Doktor Meadows noch nicht kommen können. Ricky blickte zu den Sternen auf, die hier und dort durch eine Lücke in den Wolken zu sehen waren.

»Weißt du was, Stormy? Ganz egal, was passiert – ganz egal, was! Ich darf mich davon nicht unterkriegen lassen! Ich darf mich nicht verbittern lassen. Besonders Gott gegenüber. Ich darf ihm keine Vorwürfe machen, wenn mal was schiefgeht.« Leise sprach er auf sein Pferd ein. »Weißt du, manchmal lässt er eben seinen Kindern auch etwas geschehen. Das sind Prüfungen – um festzustellen, aus welchem Holz sie geschnitzt sind. Es kommt darauf an, ob man diese Prüfungen besteht oder nicht. Aber eins darf ich nie vergessen: Nichts, aber auch gar nichts, kann mir geschehen, wenn Gott es nicht geschehen lässt! Wenn ich immer daran denke, dann wird alles viel leichter.«

Stormy wieherte leise und nickte mit dem Kopf, als wollte er Ricky zustimmen.

Ricky ging langsam zum Haus zurück. Unterwegs fiel ihm David ein. *David muss an meinem Leben sehen können, dass ich Jesus gehöre. Das ist schrecklich wichtig*, dachte er. *Ob David wohl jemals sein Herz dem Herrn Jesus wirklich geöffnet hat? Sicher, er ist in einem christlichen Elternhaus aufgewachsen. Aber das macht ihn noch nicht zum Christen. Jeder einzelne Mensch muss Jesus doch ganz persönlich als Heiland annehmen!*

Am nächsten Nachmittag waren Margret und die beiden Jungen kaum aus der Schule nach Hause gekommen, da ratterte und knatterte ein uralter Ford die Straße zur Ranch herauf. Am Steuer saß ein alter Mann mit schneeweißem Haar und einem buschigen Schnurrbart. Er winkte den drei Kindern schon von Weitem fröhlich zu.

»Ricky, das ist Doktor Meadows!«, rief Margret. »Jetzt kannst du endlich erfahren, was mit Stormy los ist!«

Ricky schlug das Herz bis zum Hals und seine Hände wurden ganz heiß und feucht. Als der Ford am Haus angekommen war, rannte Ricky los, um die Wagentür für den Doktor zu öffnen.

Doktor Meadows lächelte. »Nun, ich wünschte, alle würden sich über meinen Besuch so freuen wie du!« Er rieb sich die kalten Finger. »Ich hoffe nur, dass ihr ein warmes Feuer und eine heiße Tasse Kaffee für einen alten Mann habt! Oh – und ihr habt ein neues Familienmitglied?«

»Oh, Verzeihung. Das ist mein Cousin David!« Ricky fühlte sich angesichts der Freundlichkeit des Arztes schon viel besser. »David wird für eine Weile bei uns bleiben.«

Ricky führte den Tierarzt ins Haus. Mrs Carlson kochte sofort Kaffee und Ricky versuchte, seine Ungeduld zu unterdrücken. Es sah fast danach aus, als wollten Vater und Doktor Meadows den ganzen Nachmittag miteinander plaudern. Wenn sie doch bloß mal bald mit dem Rundgang über die Ranch begännen!

Endlich trank Mr Carlson den letzten Tropfen Kaffee und schob seinen Stuhl vom Tisch weg. »Ich habe da eine Stute, die bald ein Fohlen werfen wird. Ich glaube zwar, dass alles in Ordnung ist, aber vielleicht können Sie doch einmal nach Dusty sehen. Und«, fügte er mit einem

Seitenblick auf Ricky hinzu, »mein Sohn möchte, dass Sie sich auch mal sein Pferd ansehen.«

Doktor Meadows brummte: »Sein Pferd! Kann mir nicht vorstellen, dass Stormy jemals einen Doktor braucht!«

Bei Doktor Meadows Worten fiel Ricky ein Stein vom Herzen. Alle Angst war plötzlich verschwunden. Er pfiff vor sich hin, als er mit den beiden Männern zum Paddock ging. Der Doktor mochte sich zwar zur Ruhe gesetzt haben, war aber doch immer noch der Beste!

Ricky wartete draußen vor Dustys Box, während die beiden Männer sie untersuchten. Nach einigen Minuten kamen die Männer wieder aus dem Stall in den Paddock. Sie kamen gerade rechtzeitig, um zu sehen, wie Stormy in vollem Galopp gegen das Koppeltor rannte.

Schlagartig änderte sich Doktor Meadows Gesichtsausdruck. Er ging zu Stormy hinüber und redete ihm freundlich zu. Seine geübten Finger tasteten den Kopf des Tieres ab. Lange Zeit blickte er in Stormys Augen. Dann räusperte er sich laut.

»Doktor Meadows?« Wieder spürte Ricky die Angst wie ein Messer in seinem Herzen. »Ist –? Was –? Was ist mit meinem Pferd los?«, platzte er schließlich heraus.

Doktor Meadows vermied es, Ricky anzusehen. »Nun – äh – nun, über Stormys rechtem Auge liegt ein weißer Schleier. Vielleicht breitet er sich auch über das linke aus.«

»Aber, was ist es? Was können Sie für Stormy tun?«

Doktor Meadows atmete schwer. »Es ist noch zu früh, um irgendetwas zu sagen oder zu tun, Junge. Ich habe vor, in drei Monaten wiederzukommen. Dann können wir sehen, was sich machen lässt. Das ist ein festes Versprechen, Ricky!«

Ricky versuchte, dankbar zu lächeln. Aber sein Herz war ihm bis in die Zehenspitzen gerutscht. Drei Monate! Das war eine lange Zeit. Das wäre Ende Juni, also im Hochsommer. In drei Monaten konnte eine Menge passieren!

In den Tagen nach Doktor Meadows Besuch auf der Ranch beobachtete Ricky Stormy ängstlich. Es gab Tage, an denen er so gut zu sehen schien wie früher. Aber es gab auch Tage wie gestern, an denen er sich hoch aufbäumte, als wolle er gegen das kämpfen, was mit ihm geschah. Erst gestern war er nach einem solchen Aufbäumen mit voller Wucht auf das Koppeltor aufgeschlagen. Heute hatte Ricky ihn sogar zur Tränke führen müssen – gerade so, als hätte Stormy sogar seinen Geruchssinn verloren.

Und während Ricky Stormy beobachtete, wusste er,

dass David ihn beobachtete. David wollte sehen, wie Ricky mit dieser Enttäuschung fertigwurde.

Wenn Ricky in diesen Tagen mit Stormy ausritt, ließ er ihn nur langsam traben. Auch führte er ihn fest am Zügel und lenkte so jeden seiner Schritte.

Gegen Ende der zweiten Woche nach Doktor Meadows Besuch auf der Ranch kam Augustin mit einer Nachricht, die einen Hoffnungsstrahl für Stormy enthielt. Er sah, wie Stormys Augenlicht immer schlechter wurde. Deshalb wollte er sowohl dem Pferd als auch Ricky helfen.

»Ich gehört«, berichtete er Ricky in seinem weichen spanischen Akzent, »von einem Mexikaner in Oracle. Er gerade aus Gefängnis entlassen. Und sein eine schlechte Mann! Aber ich weiß, er lieben Pferde sehr viel. Vielleicht, Ricky, er kann dich helfen.«

»Wie heißt er denn?«

»Er ist Garcia. Manny Garcia.« Augustin deutete mit seinem knochigen Finger auf Ricky. »Du nicht allein gehen! Dein Vater, er muss sprechen zu diese Mann!«

»Aber wo wohnt er? Wo kann ich ihn finden?«, fragte Ricky gespannt. Augustin schüttelte bei diesen Fragen den Kopf. »Am Tag dieser Mann ist vielleicht in Nähe von Kaufhaus, lungert herum. Du Leute fragen. Wenn er ist da, die Leute ... nun, sie werden wissen!«

Ricky kam zu dem Schluss, dass jener Mexikaner ein schwacher Hoffnungsschimmer sei. Ein Mann, der Pferde liebte, brauchte ja deshalb noch lange nicht in der Lage zu sein, diese auch ärztlich zu behandeln. Aber sein Vater wollte ja ohnehin am Samstag nach Oracle – da konnten sie ihn ja wenigstens mal fragen.

Am frühen Samstagmorgen fuhr die ganze Familie zu der kleinen Bergstadt.

Mrs Carlson ging mit David ins Kaufhaus, denn er benötigte dringend eine neue Hose. Margret ging zur Lebensmittelabteilung. Sie brauchte Zucker und Erdnussbutter, denn sie wollte unbedingt einmal versuchen, eine neue Gebäcksorte zu backen. Mr Carlson hatte sich auf die Suche nach Ersatzteilen für den Traktor begeben. So saß Ricky allein auf den Stufen vor dem Eingang des Kaufhauses und wartete. Auf einer Holzbank hinter seinem Rücken saßen drei Männer, die in ein ernstes Gespräch vertieft zu sein schienen. Ricky hatte nicht die Absicht, sie zu belauschen. Aber seltsame Worte trafen sein Ohr.

»Zu lange warten ...«, knurrte eine tiefe Stimme.

Ricky hörte das Scharren von schweren Stiefeln auf dem harten Zementboden vor dem Kaufhaus. Dann hörte er das Klirren von Sporen.

»Blaue-Korallen-Höhle, klar ... Es wartet da direkt auf uns!«

Ricky zog die Nase kraus. *Blaue-Korallen-Höhle?* Diesen Namen hatte er noch nie gehört.

»Nun hör mal gut zu, Manny, ich sage dir, wir warten besser noch eine Weile! Wir –«

Bei dem Namen »Manny« fuhr Ricky zusammen. Ohne es eigentlich zu wollen, drehte er sich um, um die drei Männer zu sehen.

Die beiden Männer auf der linken Seite der Bank sahen wie Rancher aus. Sie trugen Hemden und Jacken im Westernstil. Auch die breitrandigen Hüte und Nietenhosen deuteten darauf hin, dass die Männer aus dieser Gegend stammen mussten. Einer von ihnen war ziemlich dick und hatte ein fröhliches Gesicht. Der andere hatte kleine Augen, eingefallene Wangen und einen Stoppelbart. Er sah wie eine Ratte aus. Aber es war der dritte Mann, der Rickys Aufmerksamkeit auf sich zog. Er war ein Mexikaner, das konnte man sehen. Manny Garcia war blass für einen Mexikaner. *Kein Wunder*, dachte Ricky, *er ist ja gerade erst aus dem Gefängnis gekommen!* Manny hatte schmale Lippen und grausame Augen.

Jetzt starrte der Mexikaner Ricky an. »Nun? Wolltest du was von mir?«

Ricky sprang auf. »Ich wollte Sie nicht so anstarren.

Ich habe nur gehört, dass Sie viel von Pferden verstehen und ich ...«

Weiter kam Ricky nicht. Manny Garcia winkte mit seiner kräftigen braunen Hand ab. »Ich habe keine Zeit, Junge. Ich bin ein viel beschäftigter Mann!«

»Aber es ist mein Pferd!«, bettelte Ricky. »Es ist ...«

Garcia stand auf und seine Sporen rasselten. »Ich habe keine Zeit! Für dich nicht und auch nicht für dein Pferd!« Er schob Ricky grob beiseite. Einen Augenblick später ritten er und seine Männer die staubige Straße hinunter und waren bald nicht mehr zu sehen.

FREMDE IN DER NACHT

Ricky zog sich seine Jacke fester um die Schultern. Er fror. Das lag aber nicht am Wetter. Beim Anblick des harten Gesichtes von Manny Garcia war es ihm kalt über den Rücken gelaufen.

»Sag mal, Ricky, habe ich recht gesehen? Hat der Mann da hinten dich wirklich weggeschubst?«

Ricky fuhr auf dem Absatz herum. Er hatte gar nicht gehört, dass sein Vater von hinten an ihn herangetreten war.

»Ich glaube, ich war selbst schuld, Vati.« Rickys dunkle Augen verengten sich nachdenklich. »Augustin hatte mir gesagt, Mr Garcia verstehe eine Menge von Pferden. So dachte ich – na, ich wollte ihn wegen Stormy sprechen. Aber er ließ mich gar nicht zu Wort kommen.«

Mr Carlson hob nachdenklich die neue Lichtmaschine für seinen Traktor vom Boden auf und wandte sich Ricky zu. »Hast du denn alles bekommen, was du dir hier holen wolltest?«

Ricky lachte. »Ich? Ich bin doch nur um der Fahrt willen mitgekommen! Mal sehen, ob Mutti und Margret schon fertig sind.«

Zwanzig Minuten später befanden sie sich auf der

Heimfahrt zur Carlson-Ranch. Die Straße führte steil bergan und der Wagen musste sich durch tiefe Rinnen und zähen Morast quälen.

David saß am Fenster und betrachtete das Tal, das sich östlich der Straße unter ihnen erstreckte. Weit unten konnte er eine blaugraue Rauchfahne entdecken. Dort war bestimmt eine Mine. Im ganzen Tal gab es nun keinen Schnee mehr und der Himmel schien wärmeres Wetter zu versprechen.

»Vati«, sagte Ricky nach einem Augenblick, »hast du jemals von einer Blauen-Korallen-Höhle gehört?«

Mr Carlson warf einen Blick in den Rückspiegel, um seinen Sohn ansehen zu können. »Blaue-Korallen-Höhle? Nein, davon habe ich nie gehört. Warum?«

»Och, nichts Besonderes, glaube ich. Ich hab den Namen nur am Kaufhaus aufgeschnappt.«

David sah Ricky an. »Klingt jedenfalls gut. Wenn es wirklich eine solche Höhle gibt, dann möchte ich sie finden!«

»Ich auch!«, fiel Margret ein. »Klingt nach Farbe und Abenteuer und Spaß, alles in einem!«

Ricky grinste. »Was verstehst du denn schon von Abenteuern, Maggie?« Ricky nannte seine Schwester oft Maggie. Zuerst hatte sie den Namen nicht gemocht, aber jetzt lächelte sie nur noch darüber.

»Pah! Du meinst wohl, ich mag keine Abenteuer, nur weil ich ein Mädchen bin?« Sie streckte ihre sommersprossige Nase in die Luft und bedachte ihren Bruder mit einem »Für-wen-hältst-du-mich-denn«-Blick. »Und ich will dir noch was sagen, Ricky Carlson! Wenn du wirklich mal in ein richtiges Abenteuer verwickelt wirst, dann lässt du mich besser mitmachen!«

»Richtiges Abenteuer! Dass ich nicht lache ...«, murmelte David.

Ricky war sich nicht so sicher, ob der Sommer ohne Abenteuer verlaufen würde. Manny Garcia und seine Männer hatten gesprochen und gehandelt, als ob sie länger in dieser Gegend bleiben wollten. Könnte das etwa bedeuten, dass die Blaue-Korallen-Höhle in der Nähe liegen müsste? Und wenn ja – wo könnte sie wohl sein? Und warum sollte eine Höhle für Garcia und seine Leute so wichtig sein? *O nein*, dachte er, *ich versuche bestimmt wieder mal, mir aus dem Nichts was zurechtzuspinnen!*

Sobald der Wagen vor dem Haus haltgemacht hatte, rannte Ricky zur Koppel. Aber die Stimme seines Vaters hielt ihn zurück.

»Füttere zuerst die Hühner, Ricky! Und sorge dafür, dass Hoppy genug zu fressen bekommt, ja?«

Ricky bog zum Hühnerhof ab. Frosty stolzierte

außerhalb des Zaunes herum. Das war ein sicheres Zeichen, dass es höchste Zeit war, ihr noch einmal die Flügel zu stutzen. Aber selbst dann gelang es ihr manchmal noch, über den Zaun zu fliegen.

Hoppy hüpfte auf Ricky zu und wartete darauf, auf den Arm genommen zu werden. Ricky seufzte ungeduldig. »Na, komm schon, Hoppy« murmelte er. Dann klemmte er sich das Huhn unter den einen Arm und fütterte es mit der freien Hand. Nur so ließ sich Hoppy füttern. Ricky sah sie fast mit Verachtung an. Irgendwie schien ein verkrüppeltes Huhn doch gar nicht so wichtig zu sein. Jedenfalls nicht, wenn Stormys trübe Augen einen dabei sehnsüchtig anblickten!

Frosty flog plötzlich mit einem freudigen »Tuck-tuck« auf Rickys Schulter. Ricky schob sie fort und stand auf. »Lass das, stör mich doch jetzt nicht!«

Langsam ging Ricky auf die Koppel zu. Wie sehr hatte sich doch seine Stimmung seit ein paar Wochen verändert! Damals war er noch überzeugt gewesen, er werde diese Prüfung Gottes mit Auszeichnung bestehen. Er war sich sicher gewesen, genug Kraft dafür zu haben.

Jede Minute, die er nur eben erübrigen konnte, wollte er nun bei Stormy verbringen. Er versuchte, seinem Pferd zu helfen und wusste doch gleichzeitig, dass er das nicht konnte. Das war mehr, als er ertragen konnte. Ricky konnte nur hilflos dastehen und zusehen, wie Stormy blind wurde.

»Hallo, alter Junge.« Ricky ließ sich vom Lattenzaun herabgleiten. Er beobachtete Stormy, der mit stolz erhobenem Kopf und aufgeblähten Nüstern dem Klang seiner Stimme folgte. Stormy fuhr Ricky mit seiner samtigen Nase durch das Gesicht. Dann legte er den Kopf über Rickys Schulter und drängte sich ganz nah an seinen Herrn.

So blieben sie eine Zeit lang stehen. Ricky sprach ruhig auf Stormy ein und dieser antwortete mit einem leisen Wiehern.

An diesem Abend nahm Ricky nach dem Abendessen rasch eine heiße Dusche und ging dann zu Bett. Er stützte sich auf einen Ellenbogen und hatte die aufgeschlagene Bibel vor sich liegen. Aber er las nicht darin.

»Hilft dir das auch nicht, Ricky?«

Verwirrt blickte Ricky auf. Er sah Davids Augen auf sich gerichtet. »Was soll mir nicht helfen?«

David deutete auf das aufgeschlagene Buch. »Die Bibel. Weißt du, auch ich bin mit der Bibel aufgewachsen. Ich habe mich daran gewöhnt sie regelmäßig zu lesen. Aber sie war mir kein Halt – hat mir nicht geholfen, wenn mal wirklich ein großes Problem auf mich zukam.«

Ricky war über diese Worte so erstaunt, dass er nur wortlos den Kopf schütteln konnte. Dann sagte er: »O nein, David! Das Gefühl habe ich aber wirklich nicht. Die Bibel ist doch Nahrung für unsere Seele – wie Fleisch und Gemüse Nahrung für unseren Körper ist. Wir würden ...« Ricky breitete die Hände aus. »Wir würden ja verhungern, wenn wir nicht essen würden!«

David zuckte die Schultern und eine dunkle Locke fiel ihm ins Gesicht. Er machte sich nicht die Mühe sie zurückzuschieben. »Sicher, das weiß ich doch alles! Aber trotzdem: Wenn irgendwas Schweres auf dich zukommt, dann wirst du einfach – einfach umgeschmissen.«

Ricky hatte einen ganz trockenen Hals bekommen. »David, hast du – hast du niemals dein Herz dem Herrn Jesus geschenkt?«

David zuckte zusammen. »Also wirklich, Rick! Jetzt mach aber einen Punkt! Von Kind auf hat man mir beigebracht zu beten und die Bibel zu lesen. Schließlich sind meine Eltern doch Missionare, falls du das vergessen haben solltest!«

»Ich weiß«, sagte Ricky leise. »Aber was bist du?«

David fuhr sich nervös mit der Zunge über die Lippen. Dann legte er sich ohne eine Antwort ins Bett und begann zu lesen.

Ricky glaubte nicht, einen großen Sieg errungen zu haben. Er fragte sich, ob David wohl ein Christ sei. Gab es einen Unterschied zwischen seinem und Davids Leben? Sie lasen beide die Bibel. Sie beteten beide.

Ricky lehnte sich in sein Kissen zurück. Der Unterschied musste sich in ihrem Leben zeigen. Darin, wie sie sich in Zeiten der Prüfung verhielten. Ricky musste diese Prüfung bestehen. Er musste zeigen, dass Jesus ihm zur Seite stand. Dass er ihn hielt und ihm den Sieg schenkte. Sonst ... Nun, sonst würde David den Unterschied in ihrem Leben einfach nicht sehen können.

In Rickys Herz schrie es: *Vater im Himmel, hilf mir, dass ich diese Prüfung bestehen kann! Ich soll doch dein Bote sein. Lass mich nicht immer mit einem langen Gesicht herumlaufen! Hilf mir, dass man Jesus in meinem Leben sehen kann! Lass David in meinem Leben Jesus sehen!*

Ricky wusste nicht, wie spät es war, als er das Geräusch zum ersten Mal hörte. Er wollte sich auf die andere Seite drehen, um weiterzuschlafen. Aber da erkannte er, dass das Geräusch vom Paddock herkam. Er schlug die Decken zurück und rannte zum Fenster. Dusty! Sie war so weit! Sie wollte ihr Fohlen werfen.

Ricky schüttelte David wach. »Lauf und hol Vati! Dusty wird gleich ihr Fohlen werfen! Wir müssen ihr helfen! Beeil dich!«

Ricky streifte sich rasch die Pantoffeln über, zog den Morgenmantel an und rannte die Treppe hinunter. Dann schaltete er das Hoflicht an und lief zum Paddock hinunter.

Dusty lag in ihrer Box auf der Seite. Bald kamen auch Mr Carlson und David an. Dusty schien zu spüren, dass ihr nun, da Mr Carlson da war, nichts mehr passieren konnte. Unter seinen starken ruhigen Händen wurde sie still.

»Hol am besten eine alte Decke und sauberes Stroh, Ricky! Für ein neugeborenes Fohlen ist es hier im Stall zu kalt.«

Um halb vier an diesem Morgen wurde Dustys Fohlen geboren. Ein Stutfohlen mit stämmigem Körper und dünnen Beinen, die zuerst das Gewicht nicht tragen konnten. Ricky trocknete das Fohlen mit der Decke ab und wärmte es. Dann legte er es ins warme Stroh.

David hüpfte von einem Bein aufs andere. »Das ist ja eine wirkliche Schönheit, Ricky! Und sieh dir mal Dusty an! Ist die stolz!«

»Das ist sie bestimmt!« Ricky drückte das Fohlen fest an sich. Dann ließ er es zu seiner Mutter gehen. Mr Carlson sah mit einem seltsamen Gesichtsausdruck von Ricky zu dem Fohlen und wieder zurück. Ricky bemerkte diesen Blick und es dämmerte ihm, was das bedeuten sollte: Wenn mit Stormy etwas geschah, dann sollte ihm dieses

Fohlen gehören! Bei diesem Gedanken wurde Ricky ganz elend zumute. Er rannte aus dem Stall an Stormys Seite. Dann legte er seinen Arm schützend um den Hals des Tieres.

»Wenn wir uns beeilen, können wir noch ungefähr eine Stunde Schlaf kriegen«, sagte Mr Carlson leise.

Aber in dieser Nacht konnte Ricky nicht mehr einschlafen. Zwischen vier und fünf Uhr stand er bestimmt sechsmal auf. Manchmal ging er zum Fenster. Er betrachtete die Sterne, die freundlich zu ihm herunterleuchteten. Wenn er wieder im Bett lag, lauschte er dem Wind, der in den Pappeln in der Nähe der Koppel zu lachen und zu flüstern schien.

Als er wieder einmal am Fenster stand, wurden seine Augen plötzlich von etwas gefesselt. Eine Bewegung? Ja! Ja – da war es wieder! Weit hinten, hinter dem Haus, in dem Augustin und Rosita wohnten, bewegte sich eine Gestalt. Der Mond schien so hell, dass Ricky sich unmöglich irren konnte. »Na, wahrscheinlich ist es Augustin«, beruhigte er sich.

Aber dann fragte er sich doch: *Augustin? Um diese Zeit? Hm – das ist bestimmt nicht er. Und da! Das sind doch mehrere Personen!*

Ricky starrte nach draußen. Er kratzte sich nachdenklich hinter einem Ohr. In all den Jahren auf der

Carlson-Ranch hatte er noch nie gehört, dass jemand in der Dunkelheit hier herumschlich. Und doch – da waren sie. Gerade wateten sie durch den Bach und waren dann verschwunden.

DER SCHWARZE PUMA

Vieles änderte sich in den folgenden Tagen. Der Schnee schmolz völlig und floss durch die Felsspalten und Bäche ins Tal. Dustys Fohlen stand nun sicher und fest auf den Beinen und seine hellbraunen Augen sahen lustig und intelligent aus. Augustin war im Tal damit beschäftigt eine Fläche einzuebnen, um dort Alfagras zu säen. Mr Carlson bereitete alles vor, damit die Herde im Frühjahr zusammengetrieben werden konnte.

Nur mit Stormy änderte sich nichts. Dennoch ritt Ricky immer wieder mit ihm aus. Stormy stolperte oft. Es war unmöglich mit ihm die steilen, felsigen Bergpfade entlangzureiten, die er doch immer so geliebt hatte. Ricky ritt höchstens einmal mit ihm bis zu den hohen Pinien hinauf, wo die Luft rein und süß war. Von dort aus konnten sie auf die Ranch hinabsehen. Dann und wann konnte man sogar den blauen Nebel sehen, der über dem weiten Tal fern im Osten lag.

Manchmal blieben sie eine oder zwei Stunden lang hier. Ricky saß dann unter den Pinien und hatte die Knie bis zum Kinn hochgezogen. Stormy stand ganz in der Nähe und ab und zu streichelten seine weichen weißen

Nüstern Rickys Haar. Hier konnten sie träumen. Hier konnten sie noch einmal in atemberaubendem Tempo losjagen – und Stormy war sicher auf den Beinen und stolz. Er streckte den Hals weit vor, um noch schneller zu rennen. Seine seidige Mähne flatterte wild im Wind und manchmal verlor Ricky seinen Hut. Aber – es war immer nur ein Traum.

Eines Morgens fragte David Ricky: »Hast du deinem Vater von den dunklen Gestalten erzählt, die du letztens nachts gesehen hast?«

Ricky runzelte nachdenklich die Stirn. »Nein. Ich schätze, Vati hat genug mit den Vorbereitungen fürs Frühjahr zu tun. Ich habe übrigens noch mal über die ganze Sache nachgedacht. Ich glaube, es waren ein paar Erzschürfer, die nach Erz gesucht haben.«

»Mitten in der Nacht?«, warf David zweifelnd ein.

Ricky zuckte die Schultern. »Klingt wirklich ein bisschen verrückt, was? Aber alte Erzschürfer sind oft komische Käuze. Ich denke, das kommt, weil sie immer allein leben. Na ja, sie sind schließlich wieder weg.«

Margret kam hinter ihnen hergelaufen. Ihr Pferdeschwanz wippte auf und ab und ihre Augen leuchteten.

»He, ihr da! Vati hat mir versprochen, ich dürfte heute Dustys Fohlen taufen. Wollt ihr nicht mitkommen und hören, wie ich sie nenne?«

»Och ja, können wir machen«, murmelte David grinsend. »Haben gerade nichts Besseres zu tun …«

Margret rümpfte die Nase. »Nun tu mal bloß nicht so! Ich weiß doch ganz genau, dass du jede Gelegenheit wahrnimmst, das Fohlen zu sehen!«

Dusty und ihr Fohlen waren heute auf der Koppel. Als Margret durch das Tor kam, kam das Fohlen neugierig angelaufen.

Ricky machte es sich auf dem Gatter bequem. Seine Hand ruhte auf Stormys Hals. Dann wandte er seine Augen von dem rotbraunen Fohlen ab und beobachtete die Geier, die in einiger Entfernung langsam über einem bestimmten Punkt kreisten.

»Da hinten muss was Totes liegen«, sagte David beiläufig.

»Ist sie nicht wunderbar?«, quietschte Margret inzwischen. »Sie hat die gleiche Farbe wie Zimtschnecken.«

»Du meinst natürlich einfach wie Zimt!«, lachte David. Dann trat ein sehnsüchtiger Ausdruck in seine Augen. »Ach, ich wünschte, ich hätte auch so ein Fohlen! Ihr beide wisst ja gar nicht, wie gut ihr es habt!«

Ricky riss sich von den Geiern los. »Ich weiß nicht, David. Ich wollte immer Missionar werden.«

»Du bist ja verrückt«, knurrte David. Seine Augen waren plötzlich hart und bitter geworden. »Weißt du überhaupt, was das bedeutet? Du tauschst diese Ranch gegen ein Haus auf Stelzen ein. Mit einem Fußboden aus Bambus. Du hast drei ganze Monate nichts als Regen! Wer einen solchen Tausch macht, den erkläre ich für völlig dumm!«

»Wir würden das Leben auf der Ranch ja nicht für diese Dinge aufgeben, David. Wir würden es für Jesus aufgeben«, warf Margret freundlich ein.

Ricky sah, wie David einige Male schwer schlucken musste. »Die Eingeborenenkinder laufen nackt herum. Überall im Haus läuft Viehzeugs umher. Überall heißer, stinkender Dschungel. Ich will lieber sterben, als noch mal in das Haus eines Eingeborenen zu gehen und Fischköpfe und Reis zu essen!« David murmelte dauernd vor sich hin, aber seine Stimme klang nicht mehr so bitter wie einen Augenblick zuvor.

Ricky lachte gezwungen. »Weil du gerade von Tieren im Haus sprichst – weißt du, dass Frosty heute Morgen in unser Zimmer geschlichen ist und dort ein Ei gelegt hat? Und weißt du auch, wohin? Mitten auf dein Kopfkissen!«

David starrte Ricky einige Sekunden an, dann platzte er fast vor Lachen.

»So, jetzt aber Schluss mit dem Blödsinn!«, sagte Margret mit Nachdruck. Sie hatte die Hände in die Hüften gestützt. »Ihr habt mich eben unterbrochen. Dabei wollte ich euch gerade sagen, dass ich beschlossen habe, das Fohlen ›Zimt‹ zu nennen. Aber bilde dir bloß nicht ein, der Name stamme von dir, David!«

Ricky glitt vom Zaun herunter und ging mit Stormy zur anderen Seite der Koppel hinüber. »Ich glaube, das ist wirklich ein großartiger Name für die junge Dame!«, sagte er. »Sie ist kein bisschen grau wie Dusty. Sie ist rotbraun wie ihr Vater.« Er blieb bei dem Fohlen stehen, um es am Ohr zu kraulen. »So, du heißt also Zimt, Mädchen!«

Stormy stand am Zaun und sah zu den Bergen hinüber. Er spitzte die Ohren und dann kam tief aus seiner Brust ein leises Wiehern.

»Was willst du mir denn sagen, Stormy?«

Stormy stampfte mit einem Huf auf die Erde. Dann wieherte er wieder und Ricky sah die Furcht in seinen dunklen verschleierten Augen.

»Er horcht in die Richtung, in der wir eben die Geier sahen«, murmelte David. »Sollen wir nicht mal rübergehen und nachsehen?«

Ricky nickte langsam. »Hm – ja, das machen wir am besten mal!«

Die Jungen und Margret verließen die Koppel. Sie gingen an der hohen Pappel vorbei, durch das ausgetrocknete Flussbett und zu den Felsen hinauf. Als die fünf Geier das Trio sahen, erhoben sie sich und flogen davon.

»Ich sehe nichts –« Ricky brach mitten im Satz ab. Er fror plötzlich am ganzen Körper. Dann wurde es ihm heiß. Sein Herz hämmerte in schnellem wildem Rhythmus, als er jetzt auf den einzelnen Strauch in der Nähe deutete. »Da, seht doch: Ein totes Kalb!«

Margret stöhnte leise. »Ein kleines Herefordkalb! O Ricky, was ist nur mit ihm geschehen? Was glaubst du?«

Ricky ging auf den Strauch zu, obwohl seine Knie weich wie Pudding waren. Dann kniete er sich neben das Kalb, um es zu untersuchen. *Das Kalb muss irgendwann während der vergangenen Nacht gestorben sein,* dachte Ricky. Ganz in der Nähe brüllte eine rotweiß gescheckte Herefordkuh ununterbrochen – es war wahrscheinlich die Mutter.

»Ist es vielleicht vom Felsen abgestürzt, Rick?«, erkundigte sich David.

Rickys Kehle war ganz trocken geworden und er brachte kaum eine Antwort über die Lippen. Er hatte nämlich bemerkt, dass die Haut des Kalbes von langen Raubtierkrallen aufgerissen war. Sein Blick schweifte über die Koppel.

»Nun?«, fragte David wieder. »Was ist passiert?«

»Es –« Ricky versagte die Stimme und er musste noch einmal beginnen. »Es war eine Wildkatze. Ich weiß nicht, welche Rasse.«

Margret starrte ihren Bruder an. »Eine Wildkatze? So nah beim Paddock?«

Sie hatte ausgesprochen, was Ricky kaum zu denken wagte. *Ja, so nahe beim Paddock. So nahe bei Dustys Fohlen. So nahe bei meinem fast erblindeten Pferd!*, dachte Ricky. Er schloss die Augen. Seine Kehle schmerzte.

»Maggie, kannst du Vati suchen? Sag ihm, er soll hierherkommen. Vielleicht weiß er, was für ein Tier das war.«

Als Margret gegangen war, kniete sich David neben Ricky. »Ich dachte, hier oben gäbe es nur Wildkatzen und Berglöwen.«

Ricky nickte. »Aber Wildkatzen greifen eigentlich kein Vieh an. Zumindest normalerweise nicht.«

In diesem Augenblick kamen Mr Carlson und Margret durch das Flussbett zu ihnen herauf. Mr Carlson untersuchte zunächst einmal das tote Kalb. Dann suchte er nach Spuren. Da hier keine Tannennadeln den Boden bedeckten, waren die Spuren leicht zu finden. Sie hatten sich tief in den weichen Boden eingedrückt. Ihre Länge betrug ungefähr zehn Zentimeter.

»Sieht aus, als bekämen wir Ärger«, brummte Mr Carlson leise. »Ich muss die anderen Rancher in dieser Gegend benachrichtigen und ihnen sagen, sie sollen aufpassen. Wenn uns das Tier noch mehr Kummer macht, muss ich versuchen, es zur Strecke zu bringen.«

»Aber, was sollen wir denn mit Stormy und dem neugeborenen Fohlen machen?«

»Bring sie nachts im Stall unter. Das ist deine Aufgabe, mein Sohn!« Der große Mann richtete sich auf und zog sich den Hut tiefer ins Gesicht, um von der Sonne nicht geblendet zu werden. »Wahrscheinlich hat das Tier nur aus Hunger getötet. So wird es vielleicht nicht noch einmal zuschlagen. Es tut mir um das Kalb leid. Aber ich glaube nicht, dass wir uns noch weiterhin Sorgen machen müssen.«

Bei Einbruch der Dämmerung führte Ricky die Pferde in den Stall. Er blieb noch eine Zeit lang bei Stormy, dem die neue Umgebung nicht zu gefallen schien. Stormy verbrachte die Nacht lieber draußen im Paddock. Das schien ihm ein Gefühl der Freiheit zu geben.

»Es ist doch nur zu deinem Besten, alter Junge!«, versicherte Ricky ihm. »Und es ist ja auch nur – nur, bis du wieder sehen kannst wie – wie du früher sehen konntest.«

Stormy hob den Kopf und legte ihn auf Rickys Schulter. Es schien, als wisse er, was mit ihm geschah. Sein Temperament ließ langsam nach und er fraß immer weniger. Stundenlang stand er am Koppelzaun und starrte in die Ferne, als wolle er noch einmal so viel wie möglich sehen, solange er überhaupt noch in der Lage dazu war.

Ricky fuhr mit den Fingern durch Stormys lange weiße Mähne. »Nun wird ja bald Doktor Meadows wiederkommen, Stormy. Er wird dir etwas geben oder tun, damit deine Augen wieder gesund werden. O Stormy!« Ricky hatte seit langer Zeit nicht mehr geweint. Aber er merkte, dass er in diesem Augenblick den Tränen nahe war. »Gott wird dich wieder gesund machen, wenn Doktor Meadows es nicht kann. Wir müssen ihm vertrauen, Stormy. Gott kann alles! Alles!«

Ricky drückte sein Pferd noch fester an sich. »Seltsam. Ich habe immer behauptet, ich glaubte, Gott könne alles tun. Aber ich habe es nie darauf ankommen lassen. Glaube ich denn in diesem Moment wirklich, dass Gott alles tun kann? Glaube ich das? Auch im hintersten Winkel meines Herzens?« Er schwieg einen Augenblick.

»Ich glaube, dass ich dir vertraue, Herr«, flüsterte Ricky. »Aber – wenn ich nicht an deine Allmacht glaube, dann hilf mir doch, daran zu glauben!«

An diesem Abend saß er lange Zeit auf der Couch vor dem Kamin und betrachtete die Winchesterbüchse. Wie sehr wünschte er, sein Vater würde die Flinte nehmen und die Wildkatze erschießen! Es könnte ja schließlich ein Berglöwe sein, der sich auf einem Raubzug befand! Wer weiß, wie weit er gehen würde!

Mrs Carlson deckte in der Küche schon den Tisch fürs Frühstück am nächsten Morgen. Da beschloss Ricky, draußen noch einmal nach dem Rechten zu sehen, bevor er zu Bett ging. Er knipste die Hoflampe an, sodass der Paddock in helles Licht getaucht war. Dann ging er hinaus.

Ungefähr fünfzehn Meter vom Zaun entfernt blieb Ricky plötzlich wie angewurzelt stehen. Vom Dach der Scheune her funkelten ihn gelbgrüne Augen an. Ein dunkler Körper bewegte sich geschmeidig. Ein schwarzer Schwanz schwang nervös hin und her. Dann neigte sich der Kopf zur Seite und ein wütendes Fauchen zerriss die Stille.

In seinem Entsetzen vergaß Ricky alles, außer der Tatsache, dass Stormy in Gefahr war. Nun drang auch noch ein angstvolles Wiehern aus dem Stall.

»Vati! Vati!« Ricky rannte zur Haustür. Dort blieb er zitternd stehen. Seine gebrüllten Worte überschlugen sich. »Vati, es ist keine Wildkatze! Es ist ein Puma! Ein riesengroßer schwarzer Puma!«

Ricky geht auf Jagd

Ricky stand benommen und zitternd da. Er hörte, wie sein Vater eine Patrone in das Winchestergewehr stieß. Er hörte, wie er mit schweren Schritten durch die Küchentür eilte.

Aber auch der Puma hatte das Geräusch gehört. Erschrocken sprang das Tier vom Dach hinunter. Der geschmeidige Körper schlich vom Paddock weg und wurde von der Dunkelheit verschluckt.

Mr Carlson stellte keine langen Fragen. Ricky hatte ihm einfach die Richtung gewiesen und sein Vater konnte noch einen kurzen Blick auf den schwarzen Körper werfen, bevor der Berglöwe im Dunkel verschwunden war. Mr Carlson war kein Mann, der blind in die Gegend feuerte, wenn Pferde und Rinder in der Nähe waren.

»Hol die Lampe aus der Küche, Ricky. Aber schnell!«

Inzwischen war auch David nach draußen gekommen. Er rannte mit Ricky los, um die Lampe zu holen. Bald darauf hielt Mr Carlson das Licht in der Hand und gemeinsam machten sie sich auf die Suche nach dem Puma. Als sie am Paddock vorbeikamen, hörten sie, dass Stormy nervös im Stall herumlief und angstvoll wieherte.

»Nun bewegt euch langsam und vorsichtig, Jungs«, sagte Rickys Vater leise. »Ich glaube zwar, dass der Berglöwe inzwischen hinauf zu den Pinien geflüchtet ist. Aber wir dürfen kein Risiko eingehen.«

Rickys Herz hämmerte wie verrückt. »Es war doch ein Puma, oder, Vati?«

»Ja, Ricky, es war ein Puma! Ein seltenes schwarzes Exemplar«, sagte Mr Carlson. Er hielt die Winchester schussbereit in einer Hand. »Manchmal kommen die Tiere von Mexiko hier herüber.« Er gab Ricky die Lampe und bückte sich, um die Spuren zu untersuchen. »Das muss ein richtiger Mörder sein!«

»Was meinst du, Onkel Paul – was hätte er getan, wenn Ricky ihn nicht gesehen hätte?«, flüsterte David.

»Schwer zu sagen. Aber er war hinter irgendetwas im Paddock oder in der Nähe der Koppel her! Gewöhnlich wagen sich solche Raubkatzen nicht in die Nähe eines Hauses. Sie mögen den Geruch von Menschen nicht.«

»Vielleicht hatte er es auf Dustys Fohlen abgesehen.«

»Aber wenn der Puma nun Stormy angreift?«, rief Ricky entsetzt. »Tiere spüren doch, wenn ein anderes Tier hilflos ist, nicht wahr?«

Mr Carlson stand hoch aufgerichtet da. »Ja, das stimmt, Ricky. Aber Stormy ist ein mächtig großes Tier. Mit dem wird sich so leicht keiner anlegen! So, jetzt gehen wir besser nach Hause«, sagte er schließlich, »in der Dunkelheit können wir den Puma ja doch nicht aufspüren.«

»Aber was passiert, wenn er nun zurückkommt?«

Mr Carlson ging langsamer, damit die Jungen ihm folgen konnten. »Ich werde Augustin bitten, während der ersten Nachthälfte Wache zu stehen. Ich übernehme dann die zweite Wache.«

»Und dann?«, bohrte Ricky weiter. »Wir können doch nicht jede Nacht Wache schieben!«

»Ich hoffe, das wird nicht nötig sein. Morgen früh werde ich als Erstes versuchen, den Puma zu erwischen!«

»Dürfen wir mitkommen?«, fragte Ricky eifrig.

»Natürlich«, entgegnete sein Vater. »Dabei kann ich euch gleich mal zeigen, wie man die Spuren eines Tieres verfolgt. Das wollte ich euch sowieso schon immer beibringen. Vielleicht habt ihr das mal nötig!«

»Ich habe mal mit Vati auf den Philippinen ein Tier verfolgt«, sagte David nachdenklich. »Aber das war im Dschungel. Und das Tier war eine tollwütige Zibetkatze. Ben Mata, ein Eingeborener, hat sie dann erlegt.«

Ricky glaubte eine Spur von Heimweh in Davids Stimme zu entdecken.

Augustin hielt die erste Wache. Er hatte eine uralte Springfield-Büchse über seine Knie gelegt. Der Schaft war schon vor längerer Zeit durchgebrochen. Er wurde nun durch ein dickes schwarzes Band zusammengehalten. Aber Augustin behauptete steif und fest, es sei das beste Gewehr, das er je in der Hand gehalten habe.

Der Gedanke, dass der Mexikaner im Paddock wachte, beruhigte Ricky. Er konnte sich nicht vorstellen, dass Augustins scharfen Augen etwas entging.

Mr Carlson hing die Winchester zurück an ihren Platz über dem Kamin. Dann wandte er sich zu seiner Frau um und sagte: »Halte immer das Gewehr im Auge, Liebling! Denk daran, dass nicht nur ein schwarzer Berglöwe die Gegend unsicher macht!«

Ricky sah seinen Vater überrascht an. »Wie meinst du das, Vati?«

»Nun, das Kaufhaus in Oracle ... Es wurde gestern Abend ausgeraubt. Ein Mann konnte sich mit einer Menge Lebensmittel und mit dem ganzen Geld aus dem Staub machen.«

»Das habe ich nicht gewusst«, antwortete Ricky langsam. »Haben sie den Kerl denn nicht geschnappt?«

»Nein. Sie haben nicht mal seine Beschreibung. Der arme alte Herr Robinson wurde niedergeschlagen und liegt im Moment in Tucson im Krankenhaus.«

»Mann!«, rief David. »Wann hast du das denn erfahren, Onkel Paul?«

»Heute Nachmittag, von Hank Porter.« Mr Carlson zog einen seiner schweren Stiefel aus. »So, aber jetzt marsch ins Bett, ihr beiden. Sonst können wir schon gleich wieder aufstehen!«

David warf noch einen Blick auf die Winchester, die über dem prasselnden Feuer hing. Dann folgte er Ricky ins Schlafzimmer.

»Das gibt bestimmt einen Mordsspaß, wenn wir morgen die Katze aufspüren«, sagte er. »Und ihre Spuren waren ja prima deutlich!«

Ricky schaltete das Licht aus. »Wir müssen den Puma schnappen, David. Denk doch nur an Stormys Augen! Wenn ...«

Ricky brach plötzlich ab. Er schämte sich plötzlich seiner Sorgen. Er brauchte doch nur zu beten, Gott möge seinen Vater den Berglöwen finden lassen! Dann konnte Mr Carlson das Raubtier töten, bevor es noch mehr Unheil auf der Ranch stiften konnte.

In dieser Nacht träumte Ricky von einer riesigen schwarzen Katze. Sie schlich auf leisen Sohlen hin und her und ihre gelbgrünen Augen glühten. Und Ricky sah den hilflosen Stormy – er tobte und wieherte vor Furcht. Hilflos! Sein Stormy – majestätisch wie die weißen und grauen und schwarzen Wolken am Himmel – hatte zum ersten Mal in seinem Leben Angst. In Rickys Traum hatten sich die beiden Tiere irgendwie ineinander verbissen. Aber als Ricky am nächsten Morgen aufwachte, wusste er nicht mehr genau, wie das zugegangen war.

Ricky schlang eilig sein Frühstück hinunter. Er brannte darauf, endlich auf die Jagd zu gehen. Sein Vater kam aus dem Paddock, in dem er Wache gestanden hatte. Da machte sich Ricky auf den Weg, um die Hühner zu füttern. Die Luft war warm und die Pinien verbreiteten einen würzigen Geruch. Das war ein sicheres Zeichen für den Beginn des Frühlings.

Ricky streute einige Handvoll Hühnerfutter auf den Boden. Dann setzte er sich mit Hoppy unter dem Arm auf einen Felsbrocken. »Weißt du was?«, fragte er sie. »Dein Kamm hat endlich angefangen, zu wachsen! Und er ist auch schon ganz rot! Du siehst heute einfach großartig aus, Hoppy!«

Die Henne gab ein Geräusch von sich, das fast wie das zufriedene Schnurren einer Katze klang. Kaum hatte sie zu fressen begonnen, da flog Frosty auch schon auf Rickys Knie. Sie hackte Hoppy einige Male kräftig auf dem Kopf herum. Dann ergriff sie Besitz von der Hand, die eben noch das verkrüppelte Huhn gefüttert hatte. Hoppy murrte laut.

Ricky musste lachen. Wie oft hatten diese beiden Lieblingshennen ihn schon getröstet, wenn ihn irgendwelche Dinge auf der Ranch bedrückten!

»Ricky! He, Ricky!« Das war David, der hastig zum Paddock lief. Seine Stimme klang sehr aufgeregt.

Ricky setzte Hoppy vorsichtig auf den Boden. »Was ist denn los?«, rief er zurück.

David rief ihm im Laufen zu: »Es ist alles abgeblasen, Ricky!«

»Wie meinst du das?«

»Dein Vater hat einen Anruf gekriegt. Er soll sofort zu Hank Porters Ranch kommen. Hank hat sich das Bein gebrochen und hat vor einem Augenblick hier angerufen. Onkel Paul bringt ihn zum Krankenhaus in Tucson.«

Ricky stöhnte laut. »Und was ist mit Augustin? Könnte er den Puma nicht –?«

David schüttelte den Kopf. »Hat keinen Zweck, Ricky. Augustin sät Alfagras. Dein Vater würde mindestens eine Stunde brauchen, um ihn überhaupt zu finden!«

Ricky hatte plötzlich das Gefühl, als müsse er den Stein, der ihm im Weg lag, einfach wegtreten. Es ging aber auch einfach alles schief! Morgen war Sonntag. Und dann würde die Jagd ausgeschlossen sein. Das Wetter war schön, also würde die Familie zum Gottesdienst nach Oracle fahren.

»Ricky? Wir beide könnten doch den Puma aufspüren!«

Ricky sah David überrascht an. Einen Augenblick lang leuchteten seine Augen vor Aufregung. Aber dann schüttelte er langsam den Kopf. »Was sollte das denn schon für einen Zweck haben – ohne Gewehr?«

»Aber ich habe doch schon mal geholfen, eine Raubkatze zu verfolgen, erinnerst du dich denn nicht? Wir könnten die Spuren des Pumas so weit wie möglich verfolgen. Wenn dein Vater dann Zeit hat, ihn zu jagen, dann braucht er ihn wenigstens nicht mehr lange zu suchen!«

Hm, klingt ganz vernünftig, dachte Ricky. Dann fuhr er laut fort: »Wir müssten uns aber was zu essen mitnehmen. Und ein paar gute Pferde.« Er zuckte mit den Schultern. »Ach, Mutti würde das ja doch nicht erlauben!«

»O doch, das wird sie bestimmt. Dafür lass mich mal sorgen!«, antwortete David. Er blickte dem Wagen nach, der eben die schmutzige Straße hinunterfuhr. »Weißt du was? Geh du doch schon mal vor und sattele uns ein paar Pferde – dann brauche ich es nicht mehr zu tun. In der Zeit frage ich deine Mutter. Und ich sage Maggie, sie soll uns was zu essen machen. Na, was hältst du von dem Vorschlag?«

Ricky zögerte. »Na gut. Wenn Mutti Ja sagt, dann mach

ich natürlich mit. Ich erwarte dich also in zehn Minuten!«

»Ha, das schaff ich schon schneller!«, rief David, während er auf das Haus zurannte.

Ricky sattelte Comanche für David und ein Pferd namens Skipper für sich selbst. Skipper war ein guter Bergsteiger – klein, sicher auf den Beinen und gehorsam.

Innerhalb von acht Minuten war David wieder im Stall.

»Na, was hat Mutti gesagt?«

David lachte. »Genau das, was meine Mutter auch gesagt hätte: ›Seid vorsichtig!‹«

Ricky stieg im Paddock auf. Skipper ging seitlich auf das Tor zu, damit Ricky es öffnen konnte. Stormy rieb seine Nase an Rickys Bein. Er wieherte leise und traurig.

Ricky konnte ihm nicht in die verschleierten Augen sehen. »Doktor Meadows wird bald wiederkommen, Stormy«, murmelte er leise. »Wir müssen den Puma erwischen! Morgen werden wir einen langen Ritt unternehmen, Stormy. Das verspreche ich dir!«

Er ritt aus dem Paddock hinaus. *Wie gut, dass ich Stormy wenigstens noch auf ebenem Boden reiten kann*, dachte er dabei. Als er sich noch einmal umwandte, sah er, dass Stormy den Kopf auf den Koppelzaun gelegt hatte und ihm traurig nachsah. Seine Mähne wehte im Wind; er sah einsam und verloren aus.

Ricky merkte, dass David nicht hinter ihm war. Er legte die Hände trichterförmig an den Mund und rief ihm zu: »He, David, wo bleibst du denn so lange? Was hält dich da hinten noch zurück?«

»Unser Mittagessen, du Knallkopf!«, war die Antwort. »Ich bin gleich da!«

Die Spuren des Berglöwen waren noch gut zu erkennen, denn der Staub war noch nicht aufgewirbelt worden. Als die Jungen jedoch höher ins Gebirge kamen, mussten sie auch nach anderen Spuren Ausschau halten. Der Weg wurde immer felsiger und so waren die Eindrücke nur noch hier und da zu erkennen. Dafür hatten die Klauen des Pumas Spuren an den Bäumen hinterlassen. Auch frischer Schmutz unter den Piniennadeln und zur Seite geschleuderte Steine wiesen ihnen den Weg.

»Sag mal, was hast du da?«, fragte Ricky plötzlich. David hatte schon die ganze Zeit den rechten Arm in Höhe seines Knies gehalten.

David zögerte. »Du scheinst unser Mittagessen ganz vergessen zu haben!«

Ricky lächelte. »Ich habe jedenfalls nicht vergessen, dass du unser Mittagessen vor ein paar Minuten in deine Satteltasche gesteckt hast. Nun mal los, David! Was hast du da? Verrate mir schon dein großes Geheimnis!«

»Na gut, wenn du es unbedingt wissen willst!« Damit holte er Mr Carlsons Winchestergewehr hervor.

»David!« Ricky pfiff vor Überraschung durch die Zähne. Seine braunen Augen starrten David ungläubig an und er atmete schwer. »David, wie konntest du nur Vatis Gewehr mitnehmen?«

Davids Augen verengten sich zu Schlitzen. »Du willst doch den Puma erwischen, bevor er Stormy tötet, oder?«

»Ja schon, aber ...«

»Wenn er mein Pferd wäre, würde ich alles tun, um ihn zu beschützen! Besonders, wenn er sich doch nicht selbst schützen kann.«

»Aber Vati hätte uns niemals erlaubt das Gewehr mitzunehmen, David!«

David wurde ungeduldig. »Also nun hör endlich mit dem Meckern auf! Ich hab dir doch gesagt, dass ich schon einmal bei einer Jagd dabei war – und noch dazu im tiefen Dschungel! Reg dich also ab. Ich kann schon mit einem Gewehr umgehen.«

»Weiß Mutter, dass du das Gewehr mitgenommen hast?«, fragte Ricky. Aber er wusste die Antwort schon im Voraus.

Ricky drehte sich um, um zur Ranch zurückzusehen. Sie waren bereits sechs Kilometer von zu Hause entfernt. Wenn sie jetzt den schmalen steilen Weg zurückritten, um das Gewehr wieder abzuliefern, dann wäre der Morgen um. Außerdem hatte David ja gesagt, er könne mit einem Gewehr umgehen. Sie würden eine Menge Ärger weniger haben, wenn David den Puma tatsächlich erlegen würde.

Ricky sah zu den schroffen Felsspitzen empor – sie bildeten hier eine Art Sattel. Ein Wildwechsel führte durch diesen Sattel und dann auf der anderen Seite der Felsen ins Tal. Er endete in einem felsigen Flussbett. Es war um diese Jahreszeit ausgetrocknet. Aber sobald der Frühlingsregen einsetzte, wurde es zum reißenden Strom. Die beiden Jungen ritten etwa einen Kilometer weit durch das ausgetrocknete Flussbett.

»Ich habe seit ungefähr zwei Kilometern keine einzige Spur mehr gesehen«, sagte Ricky. Er drehte Skipper ein Stück herum und während er das tat, prasselten von irgendwo über ihren Köpfen kleine Steine herab. Oben auf den Felsklippen, die das Flussbett begrenzten, bemerkte Ricky etwas Schwarzes. Zuerst dachte er, es sei ein Schatten gewesen. Aber dann war es plötzlich wieder da. Ungefähr zehn Meter über ihren Köpfen hockte der schwarze Berglöwe! Er hatte die Ohren angelegt und nun stieß er ein wütendes Knurren aus. Dabei konnten die Jungen seine gelblichen Reißzähne sehen.

Ricky spürte, wie es ihm eiskalt über den Rücken lief. Er versuchte David etwas zuzurufen. Aber die Worte blieben ihm im Hals stecken.

Der Berglöwe hatte seinen schwarzen Körper fest an die Felsen gepresst. Sein Schwanz schwang langsam hin und her. Die gelben Augen starrten Ricky an und lähmten ihn fast.

Comanche bäumte sich vor Furcht hoch auf und warf David mitsamt dem Gewehr zu Boden. Das schien den Bann zu brechen. Ricky stieß einen Schrei aus und Skipper sprang mit einem mächtigen Satz aus der Gefahrenzone heraus. David kroch auf die Winchester-Büchse zu. Dann fummelte er mit dem Daumen am Hammer des Gewehres herum. Ricky musste feststellen, dass sein Cousin genauso wenig Ahnung von Gewehren hatte wie er selbst. Endlich zerriss ein Schuss die Stille. Der Knall ertönte als Echo weiter durch die Berge.

Da sich der Puma noch enger an den Boden gepresst hatte, wussten die Jungen, dass die Kugel ihr Ziel verfehlt hatte. Davids Gesicht spiegelte seine Panik wider. Die Pferde hatten die Augen vor Furcht weit aufgerissen. David feuerte in rascher Folge noch zwei Mal. Seine letzte

Kugel wirbelte die Raubkatze hoch in die Luft. Dann fiel das Tier auf die Felsen zurück. Dort blieb es jedoch nur einen Moment lang liegen. Dann sprang es wieder auf. Es stieß ein wütendes Knurren aus und versuchte seinen Hinterlauf abzulecken.

»Dave, du hast ihn nur verwundet!«, schrie Ricky. »Nun erschieß ihn doch endlich!«

David verschoss die ganze Munition. Aber der Puma war schon hinter den Felsen verschwunden und man konnte nur noch seinen schmerzerfüllten Schrei hören.

David stand mit schneeweißem Gesicht da und zitterte am ganzen Leib. Das Gewehr hing schlaff an seiner rechten Hand. »Ich habe danebengeschossen«, flüsterte er. Er blickte Ricky mit furchterfüllten Augen an, als erwarte er Hilfe von ihm. »Warum habe ich ihn nicht erwischt? Warum?«

»Ich weiß nicht.« Das war alles, was der Junge antworten konnte. Er saß immer noch auf Skippers Rücken – bleich und verstört. Seine Augen waren kugelrund und ausdruckslos. Seine Schultern waren wie unter einer schweren Last nach vorne gebeugt.

»Was nun?«, flüsterte David endlich.

»Er war schon vorher eine mörderische Bestie«, sagte Ricky mit matter Stimme. »Jetzt, wo er verwundet ist, wird er noch gefährlicher sein. Ein Raubtier wie dieses wird vor nichts zurückschrecken, wenn es eine Kugel im Körper hat, die es wahnsinnig macht.«

Ein Zittern überlief David. »Wir haben keine Patronen mehr. Was machen wir nun, wenn er uns auf dem Heimweg angreift?«

»Wir können nur beten, dass das nicht geschieht.«

Immer noch benommen drehte Ricky Skipper herum, um durch das Flussbett zurückzureiten. Plötzlich sah er etwas, was ihm vorher entgangen war.

»Da, sieh doch mal zu der Fichte hinüber!«, rief er David zu. »Sieht so aus, als habe jemand hier oben ein Lager aufgeschlagen. Da ist ein Lagerfeuer gewesen, ich kann die verkohlten Holzscheite von hier aus sehen. He!« Ricky hielt sein Pferd an. »Und sieh dir das mal an: leere Konservenbüchsen! Sieht so aus, als habe sich jemand mehrere Tage lang hier aufgehalten.«

David versuchte den Albtraum, der hinter ihnen lag, abzuschütteln. Er hatte es eilig, nach Hause zu kommen. »Befinden wir uns hier schon auf dem Gebiet eurer Ranch?«

Ricky schüttelte den Kopf. »Nein. Ich glaube, die Catalina-Berge gehören keinem. Außer Gott.«

David rümpfte die Nase. »Du bringst Gott auch überall ins Spiel, was?«

»Da kannst du schon recht haben. Aber ich will dir mal

was sagen: Ganz egal, um was es sich handelt – ob um die Arbeit auf der Ranch oder um eine Klassenarbeit in der Schule oder um schwere Dinge wie ... wie Stormys Augen: Wenn du weißt, dass Christus neben dir steht und dir hilft, dann – nun, ich glaube, dann kann ein Christ mit fast allem fertigwerden!«

Ricky schwieg eine Weile, um über seine eigenen Worte nachzudenken. Dies war die schwerste Prüfung, die Gott ihm jemals auferlegt hatte! Und doch hatte er keinen Grund, sich zu beklagen. Gott hatte nie von ihm verlangt, einen einzigen Schritt allein zu gehen. Christus aber war allein, ganz allein, nach Golgatha gegangen und war dort für seine, für Ricky Carlsons Sünden gestorben!

Die Jungen zügelten ihre Pferde, um einen Schluck aus der Feldflasche zu nehmen.

»Sollten wir uns nicht besser beeilen, um hier aus der Gegend wegzukommen?«, fragte David.

»Wir haben noch einen langen Abstieg vor uns und die Pferde sind müde. Übrigens hat sich der Puma bestimmt im Augenblick unter einem Busch verkrochen, um seine Wunde zu lecken. Den sind wir sicher für ein paar Stunden los!«

Plötzlich fesselte eine schmale Spalte in einer Felswand Rickys Aufmerksamkeit. »Du, schau doch mal! Ich habe gar nicht gewusst, dass da oben eine Höhle ist.« Der Puma war in entgegengesetzter Richtung verschwunden. Jetzt war er bestimmt schon weit weg. Also lenkte Ricky Skipper auf die Felswand zu. Schiefgetretene Stiefelabsätze hatten auf dem weichen Boden tiefe Spuren hinterlassen. Diese Spuren schienen genau auf die Felsspalte zuzulaufen.

»Nun komm doch, Ricky. Wir wollen nach Hause reiten!«, drängte David. »Für heute ist mein Bedarf an Abenteuern gedeckt!«

Ricky nickte. »Du hast schon recht. Ich will auch nur mal eben meinen Kopf da reinstecken. Dann komme ich sofort wieder. Es könnte ja sein, dass ein Erzschürfer da drinnen lebt. Dann sollte man ihn besser warnen!«

Ricky stieg vom Pferd ab und blickte in die dunkle Öffnung hinein. Der Geruch von feuchter Erde schlug ihm entgegen. Jenseits des kurzen Tunnels sah er eine große Höhle. Er winkte David zu, doch auch einmal einen Blick hineinzuwerfen.

David schlang den Zügel seines Pferdes um einen Pinienast. Während er auf Ricky zukam, blickte er sich immer wieder über die Schulter um.

»Da, sieh doch mal!«, sagte Ricky. »Hier hat jemand eine Krüppelkiefer umgehauen, um in die Höhle zu kommen.«

Die beiden Jungen betraten die Höhle. Zu ihrer Überraschung war es nicht stockfinster darin. Es war vielmehr so hell, dass die Jungen einen langen schmalen Tunnel entdeckten, der auf der gegenüberliegenden Seite aus der Höhle herausführte. Zu beiden Seiten dieses Tunnels zweigten wiederum Seitengänge ab, die in alle Richtungen führten.

»Mann, das ist ja ein tolles Ding!«, flüsterte David aufgeregt. »Das ist ja genau wie in ›Tom Sawyer‹ oder in der ›Schatzinsel‹! Und hier gibt es so viel Licht!«

»Ja«, flüsterte Ricky zurück, »ziemlich gruselig hier, was? Alles sieht so bläulich weiß aus. Und dann all die Dinger da, die von der Decke hängen – und Stalagmiten auf dem Boden! Es ist wie in einem Märchenland!« David streckte seinen Arm aus, um eine der rauen spitz zulaufenden Säulen zu berühren. »Ich habe mal im Pazifik Korallenriffe gesehen. An manchen Stellen ist dort das Wasser nämlich so klar, dass man meint, es wäre gar keins da! Und die Korallenbänke sehen genauso rau aus wie das hier – manche haben auch die gleiche Farbe.«

Ricky blinzelte nachdenklich. »Korallen. Und dann das seltsame blaue Licht.« Er schnippte mit den Fingern. »Na klar! Das muss die Blaue-Korallen-Höhle sein! Weißt du? Die, von der Manny Garcia damals vor dem Kaufhaus gesprochen hatte.«

»Ja, sicher«, sagte David langsam. »Aber was hat er denn damals über die Höhle gesagt?«

Ricky dachte einen Augenblick lang scharf nach.

»Warte mal ... einer der Männer sagte was von der Blauen-Korallen-Höhle und von –« Rickys Augen schweiften über die Decke der Höhle und suchten nach der Öffnung, durch die das Licht hereinfiel. »Oh, jetzt fällt es mir wieder ein! Er sagte: ›Es wartet da direkt auf uns.‹«

David zuckte mit den Schultern. »Was kann er damit wohl gemeint haben?«

»Wenn ich das nur wüsste ... Aber das hat er gesagt, bestimmt! Etwas würde hier auf sie warten.«

Die beiden Jungen hatten sich die ganze Zeit flüsternd unterhalten. Aber nun gab es plötzlich ein lautes Geräusch, das als Echo von den Wänden widerhallte. Ricky und David sahen sich fragend an. Nun tönte es durch die Höhle: »Zu – zu – zu ... lang – lang – lang ...!«

»Da hinten durch den Tunnel kommt jemand!«, japste David.

Die Jungen verkrochen sich tief in den blauweißen Schatten und wagten kaum zu atmen.

Drei Männer stapften nun in die Höhle. Ihre schweren Stiefel dröhnten auf dem felsigen Boden. Ihre Gesichter waren in ein blaues Licht getaucht.

Garcia blieb unschlüssig stehen. Eine Hand hatte er tief

in der Tasche seiner Nietenhose vergraben, mit der anderen kratzte er sich an seinem schwarzen Stoppelbart. Dann zog er verstohlen die Hand aus der Tasche. Darin hielt er ein zerknittertes und vergilbtes Blatt Papier. Die beiden anderen Männer gesellten sich zu ihm und starrten auf den Zettel.

»Da, seht nur!«, sagte Manny Garcia nun. »Da sind die Kupferadern. Die Zeichen können gar nichts anderes bedeuten. Wir brauchen nur diese Kupferadern zu finden und dann ...« Er lächelte plötzlich und entblößte eine Reihe ungleichmäßiger gelblicher Zähne. »... Dann haben wir es! Wie ich schon sagte: Wir haben bereits viel zu lange gewartet!«

Ricky hatte als Erster seinen Schrecken überwunden. Aber er presste sich dennoch so fest gegen die Felswand, dass sein Rücken schmerzte.

»Nun«, sagte inzwischen der große Mann mit dem Rattengesicht, »wenn wir noch länger hier rumstehen, finden wir die Kupferadern nie!«

Die drei Männer verließen die Höhle. Das Geräusch ihrer Stiefel verstummte langsam und bald erstarb auch das Echo ihrer Stimmen.

Ricky wagte sich zuerst aus dem Versteck heraus. »Puh! Wir verschwinden besser, solange das noch möglich ist, was?«

Als sie aus der Höhle traten, wurde es bereits dämmrig. Sie mussten sich beeilen, sonst würden sie nicht mehr vor Einbruch der Dunkelheit von den Bergen herunter sein. Sie würden sowieso schon genug zu erklären haben, wenn sie zu Hause ankamen.

»Wovon hat Garcia bloß gesprochen?«, fragte David.

»Weiß ich auch nicht. Aber es klang ziemlich geheimnisvoll!«

David lenkte Comanche neben Skipper. »Wenn Garcia ein Mexikaner ist, warum hatte er dann keinen Akzent?«

Ricky lächelte. »Nicht alle Mexikaner sprechen mit einem Akzent. Zumindest die nicht, die von Kind auf Englisch gelernt haben. Es gibt sogar mexikanische Familien, die selbst zu Hause kaum noch spanisch sprechen.«

Eine Zeit lang ritten die beiden Jungen schweigend nebeneinanderher. Der Gedanke an das leere Gewehr lag wie eine zentnerschwere Last auf ihnen. Und irgendwo in den Catalina-Bergen trieb sich eine verwundete, mordgierige Raubkatze herum.

Inzwischen waren sie den felsigen Wildwechsel hinaufgeklettert und hatten den »Sattel« passiert. Da fiel Ricky plötzlich etwas ein, worüber er doch lächeln musste.

»Weißt du was, David? Bei all der Aufregung haben wir ganz vergessen, unseren Proviant zu essen!«

David lachte. »Tatsächlich! Ich glaube, ich hatte so einen Knoten im Bauch, dass ich ganz vergessen habe, Hunger zu kriegen.« Er wühlte in seiner Satteltasche. »Greif zu! Sieht aus, als hätte Maggie uns was Gutes eingepackt.«

Er brachte Erdnussbrötchen zum Vorschein, Margrets Spezialität. Sie hackte Erdnüsse so fein wie möglich, fügte dann Mayonnaise hinzu und strich diesen Brei auf ein Brötchen.

Die Sonne versank langsam hinter den Bergen. Der Weg vor ihnen war noch eine Zeit lang in dunkelrotes Licht getaucht. Die Bergspitzen hoben sich schwarz und geheimnisvoll vom Himmel ab. Irgendwo begann ein Kojote zu heulen und ein anderer antwortete ihm.

Bei diesem Geräusch begann Rickys Herz, wie rasend zu schlagen. Tief unten kamen die Lichter der Ranch in Sicht. Was würde Vater nur dazu sagen, dass sie so lange ausgeblieben waren?

Skipper kannte den Weg nun so gut, dass ihm die Dunkelheit überhaupt nichts ausmachte. Als sie endlich das Tal erreichten, fiel er in einen Galopp, als wolle er sich noch einmal richtig austoben, bevor er sich im Paddock zur Ruhe begab.

David galoppierte an Ricky vorbei. »Ich mach schon mal das Tor auf!« Dann zügelte er Comanche. »Halt doch mal eben das Gewehr, Ricky!«, sagte er und warf Ricky die Büchse zu.

Ricky fing sie auf und rief David zu: »Du weißt doch, dass du nicht abzusteigen brauchst, um das Tor zu öffnen!«

Aber David war bereits von Comanches Rücken heruntergerutscht, um das Tor zu öffnen. Ricky ritt als Erster in den Paddock. Er wollte Skipper rasch den Sattel abnehmen und dann zu Bett gehen.

Er wurde aber in seinen Gedanken unterbrochen. Da stand sein Vater! Im Zwielicht sah er noch größer aus als sonst. Er hatte seine kräftigen Hände auf seinen breiten Ledergürtel gestützt – und er starrte auf das Gewehr in Rickys Händen.

DER MÖRDER SCHLÄGT WIEDER ZU

Stormy kam auf Ricky zu und rieb seinen Kopf am Bein des Jungen. »Hallo, alter Junge«, murmelte Ricky, während er von Skipper herunterstieg. Er streichelte Stormys seidiges Fell, aber seine Augen hingen am strengen Gesicht seines Vaters.

»Weißt du, wie spät es ist?« Mr Carlsons Worte klangen leise und bedächtig.

»Jawohl.« Ricky hielt seinem Vater das Gewehr hin. »Es tut mir leid, Vati. Und wegen des Gewehrs ...«

»Ja. Das Gewehr.« Mr Carlson nahm es Ricky aus der Hand, als sei es ein Streichholz. »Ich habe dir verboten, das Gewehr auch nur zu berühren. Du solltest es nur in die Hand nehmen, wenn ich dabei bin, um dir das Schießen beizubringen!«

»Ich weiß, Vati«, begann Ricky. »Ich will dir alles erklären.« Er wunderte sich, wo David so lange blieb. Da hörte er, wie dieser das Koppeltor mit einem Klicken schloss.

»Ich habe ihm gesagt, er soll es nicht mitnehmen, Onkel Paul! Ich hatte Angst, er könne nicht damit umgehen. Aber er wollte ja nicht auf mich hören!«

Ricky starrte David ungläubig an. Hatte David das wirklich gerade gesagt? Ricky öffnete den Mund zu einer Antwort, aber er brachte keinen Ton heraus.

»Ricky, mein Junge, was ist denn bloß in dich gefahren?«, fragte ihn sein Vater.

Ricky war ganz elend zumute. Er konnte nur wortlos den Kopf schütteln. *David wird mir doch sicher nicht die ganze Schuld in die Schuhe schieben wollen?*, dachte er.

»Und er hat auch den Puma verwundet, Onkel Paul! Das wird bestimmt jetzt ein richtiger Mörder werden!« Die Worte sprudelten nur so aus David heraus. Dabei sah er Ricky nicht an.

Ricky wusste, dass sein Vater niemals brüllte und tobte, wenn er ärgerlich war. Aber er wusste, dass ihm eine harte Strafe bevorstand.

»Und du, David?«, sagte Mr Carlson nun und wandte sich diesem zu. »Du bist doch älter als Ricky. Du hättest nicht mit Ricky auf die Jagd gehen sollen! Du hast auch deinen Teil Schuld an der ganzen Sache! Geh rauf in dein Zimmer!«

David zog den Kopf ein. »Ist gut, Onkel Paul.«

Ricky musste ein paar Mal schwer schlucken. Er hatte das Gewehr nicht genommen. Er wusste es und Gott wusste es. Aber wenn er David verriet, dann würde David bestraft werden. Und das würde ihn vielleicht noch weiter von Gott abbringen. So biss Ricky die Zähne zusammen und wartete.

Mr Carlson seufzte tief. »Ricky?«

»Ja, Vati?« Rickys Stimme schien ihm zu versagen.

»Ich bin nicht zornig. Verstehst du das?«

»Ja, Vati.«

»Glaubst du, dass dein Jagdausflug dem Herrn Freude gemacht hat?«

Ricky schüttelte den Kopf. Er musste die Schuld für die ganze Geschichte auf sich nehmen. Er hätte eben einen Rückzieher machen können, aber er hatte es nicht getan.

»Du wirst eine Woche lang allein den Stall ausmisten. Außerdem wirst du das Unkraut in den Gemüsebeeten jäten und die Bohnen hochbinden.«

Ricky wartete ab. Was kam noch?

Aber sein Vater legte nur eine schwere Hand auf seine Schulter.

»Es tut mir leid, Ricky.« Während sie zusammen die Koppel verließen, sagte Mr Carlson: »Fass das Gewehr nie wieder an, wenn ich es dir nicht ausdrücklich sage!«

In diesem Augenblick zerriss ein Schrei die Stille der Nacht. Er wurde lauter und lauter, bis es Vater und Sohn eiskalt über den Rücken lief. Dann wurde er allmählich leiser, bis er wie das Schluchzen einer Frau klang. Ricky wirbelte herum.

Mr Carlson rannte zum Koppeltor zurück. Dort blieb er abwartend und lauschend stehen. Sein ganzer Körper schien bis zum Zerreißen gespannt. »Er ist schon wieder da! Bist du sicher, dass du ihn verwundet hast?«

Ricky nickte. »Ja, ganz sicher!«

Stormy wieherte angstvoll und zitterte. Dann lief er nervös im Paddock herum. Offenbar suchte er etwas. Endlich kam er auf Ricky zu und presste seinen warmen Körper an ihn. Er wollte beschützen und beschützt werden.

»Wo ist der Puma, Vati?«

Mr Carlson ging zum Ranchhaus zurück, um ein paar Patronen zu holen. »Ich glaube, er ist weit weg. Aber ich meine, ich hätte noch ein anderes Tier schreien hören – gleichzeitig mit dem Puma. Vielleicht ein Kalb. Ich fürchte, er hat wieder einmal zugeschlagen!«

Ricky überlief ein Zittern. Er erinnerte sich nur noch zu gut an den schwarzen Berglöwen. Wie er geschmeidig über die Felsen geklettert war – wie seine gelben Augen geglüht hatten – wie sein Schwanz langsam hin und her geschwungen war.

Ricky hatte seine Arme um Stormys Kopf gelegt. Er blickte tief in seine Augen, die ihn voll Vertrauen ansahen. Dann legte er sein Gesicht an Stormys weiche Nase.

»Was – was ist denn heute Nacht mit dem Paddock?«

Mr Carlson schüttelte den Kopf. »Er wird heute Nacht wohl nicht mehr töten.« Er dachte einen Augenblick nach. »Aber man kann ja nicht wissen, was ein Tier anstellt, das vor Schmerzen verrückt wird!« Mr Carlson seufzte. »Ich fürchte, Augustin und ich werden diese Nacht wieder Wache schieben müssen!«

»Es ist alles in Ordnung, Stormy«, flüsterte Ricky beruhigend. »Hab keine Angst! Ich pass schon auf dich auf. Ich werde für dich die Augen offen halten. Ganz bestimmt!«

Stormy nickte als Antwort auf das Streicheln und Sprechen seines Herrn mit dem Kopf. Dann knabberte er an Rickys rechtem Ohr herum, als wolle er ihm so Gute Nacht sagen.

David war schon im Bett, als Ricky im Schlafzimmer ankam. Er hatte das Gesicht zur Wand gedreht, aber Ricky merkte, dass er noch nicht schlief. Ricky fühlte keine Bitterkeit David gegenüber, aber das Herz war ihm schwer. Wie sehr wünschte er sich, David möge doch sein Herz dem Herrn Jesus schenken.

Ricky nahm ein ausgiebiges heißes Bad. Dann legte auch er sich zu Bett und betrachtete lange das Bild, das darüber hing. Jesus führte darauf eine Schafherde an einem ruhigen Fluss entlang. Als Ricky noch ein kleiner Junge gewesen war, hatte er sich oft vorgestellt, er selbst sei eines dieser Schafe. Wenn er jetzt einmal große Sorgen hatte oder wenn er etwas Besonderes nötig hatte, dann sah er sich immer noch als ein Glied dieser Herde, die von dem großen Hirten selbst geführt wurde. Und heute Abend erkannte Ricky, dass das ja auch stimmte – er brauchte die Fürsorge und Liebe des himmlischen Hirten.

»David? Der Puma hat wieder einmal zugeschlagen.«

Davids Körper spannte sich, aber er antwortete nicht.

Ricky lehnte sich in die Kissen zurück, um nachzudenken. Eines jedenfalls schien ihm klar zu sein: Die nächtlichen Herumtreiber, die er gesehen hatte, mussten Garcia und seine Männer gewesen sein.

In diesem Augenblick klopfte Rickys Mutter leise an die Schlafzimmertür. Dann trat sie ein. »Ich habe dir etwas heiße Schokolade gemacht und dir dein Abendessen aufgewärmt, Ricky.«

Ricky folgte ihr in die Küche. »Hat David schon gegessen?«

»Er sagte, er hätte keinen Hunger.« Mrs Carlson goss heiße Schokolade in eine Tasse und stellte sie vor Ricky hin. Dann fragte sie ihn unvermittelt: »Ricky, wie konntest du heute nur abhauen, ohne mir auch nur ein Sterbenswörtchen zu sagen?«

Ricky runzelte die Stirn. »Aber, Mutti, wir haben es dir doch gesagt! Jedenfalls David – ich habe in der Zeit die Pferde gesattelt.«

Ein seltsamer und betrübter Ausdruck trat in Mrs Carlsons dunkle Augen. »Ich hab David den ganzen Morgen lang nicht gesehen. Ich bin bei Rosita gewesen und habe ihr geholfen, das Mannschaftshaus in Ordnung zu bringen.«

Ricky kaute nachdenklich auf seinem Abendessen herum.

»Ricky – warum hat David mir nichts gesagt? Vielleicht, weil du das Gewehr genommen hattest und ...« Sie brach plötzlich ab und dachte einen Moment nach. »Ricky, warst du es wirklich, der das Gewehr genommen hat?«

Ricky bekam einen roten Kopf. Er schluckte ein paar Mal, dann starrte er wieder auf seinen Teller.

Seine Mutter legte ihm eine Hand unters Kinn und zwang ihn sie anzusehen. »Du hast also die Strafe für David auf dich genommen, nicht wahr? O Ricky!«

Es sah so aus, als wolle sie jeden Moment weinen. »Mutti, es ist schon in Ordnung! Ehrlich! Und du darfst Vati nichts erzählen!« Rickys Augen sahen sie flehend an. »Wenn ich David verrate, dann nimmt er Christus vielleicht nie als seinen Heiland an!«

Mrs Carlson setzte sich zu Ricky an den Tisch und seufzte. »Ich schätze, du hast recht, Ricky.« Ihre Augen sagten, dass sie stolz auf ihren Sohn war und Ricky blickte verlegen zur Seite.

»Du bist doch diejenige gewesen, Mutti, die mir immer wieder erzählt hat, wie Jesus am Kreuz für meine Sünden gestorben ist. Wie er meine Schuld auf sich genommen hat. Ich schätze, dass eine Woche Stall- und Gartenarbeit mich nicht umbringen wird!«

Als Ricky wieder in sein Bett kroch, fühlte er sich ganz glücklich.

Der nächste Morgen war hell und sonnig. Die Carlsons fuhren zum Gottesdienst nach Oracle. Obwohl David während der ganzen Fahrt ununterbrochen redete, sprach er kein einziges Mal mit Ricky. Er brachte es auch nicht fertig ihn anzusehen.

Zum Mittagessen gab es Brathähnchen mit Kartoffelbrei und einer leckeren Soße. Das war Davids Lieblingsgericht, aber er brachte kaum einen Bissen über die Lippen.

Ricky war gerade im Schlafzimmer und zog sich seine hohen schwarzen Stiefel an, als David hereinkam. Der wühlte in seiner Schreibtischschublade herum und beschäftigte sich dann intensiv mit seinen Hemdknöpfen.

»Ich will rausgehen, um mal nach Stormy zu sehen. Wenn es ihm gut geht, dann reite ich vielleicht mit ihm aus. Willst du nicht Comanche nehmen und mitkommen?«, fragte Ricky ihn.

David zuckte mit den Schultern und presste seine Lippen fest zusammen. Aber er gab keine Antwort.

»Es ist doch ein herrlicher Tag heute!«, fuhr Ricky fort. »Bald ist die Schule vorbei und dann haben wir den ganzen Sommer, um ...«

Davids Augen brannten. »Was bist du eigentlich für ein Kerl? Warum haust du mir nicht alle Zähne aus? Warum sagst du mir nicht, was für eine dreckige Ratte ich bin? Warum sagst du Onkel Paul nicht, dass ich es war, der das Gewehr genommen hat? Tu doch irgendetwas, aber hör endlich auf, so schrecklich freundlich zu mir zu sein!«

Rickys Mund stand vor Verwunderung offen. Aber bevor er noch an eine Antwort denken konnte, kam Frosty mit einem freundlichen »Tuck-tuck-tuck« durch die offene Schlafzimmertür hereinmarschiert.

»Und du!«, fuhr David fort und starrte die weiße Henne wütend an. »Warum ... warum machst du nicht endlich, dass du ...«

Frosty ließ ihn einfach links liegen. Sie flog auf sein Bett und prüfte, ob das Kissen weich genug war. Dann rutschte sie so lange hin und her, bis sie bequem saß. Frosty war stolz, denn sie hielt sich für die Königin des ganzen Hühnerstalles. Im Gegensatz zu den meisten anderen Hennen machte es ihr überhaupt nichts aus, wenn ihr die Menschen beim Eierlegen zusahen.

Ricky zog an seinen Stiefeln herum, um sein Lächeln zu verbergen. Er hatte es zwar eilig, zu Stormy zu kommen, aber er war doch irgendwie besorgt, David könne vielleicht Frosty den Hals umdrehen, wenn er mit ihr allein gelassen würde.

Nun erhob sich Frosty langsam und sah unter sich. Und tatsächlich: Mitten auf Davids Kissen lag ein großes weißes Ei. Sie betrachtete es einen Augenblick lang stolz, ohne sich zu bewegen. Dann hüpfte sie zu David hinüber, der immer noch auf dem Bettrand saß und sie zornig anstarrte. Sie kletterte auf sein Knie und gackerte lustig.

»Du bist doch wirklich das verrückteste Huhn, das ich je gesehen habe«, murmelte er und dabei spielte ein leichtes Lächeln um seine Lippen.

Ricky lachte. »Mutti hat es nicht allzu gern, dass Frosty ihre Eier hier im Haus legt. Aber sie muss doch zugeben, dass das alte Mädchen die ganze Geschichte sauber hinter sich bringt. Sie hat dabei keine einzige Feder gelassen!«

Nachdem Frosty ihre schwere Arbeit vollendet hatte, stolzierte sie aus dem Haus. David nahm das warme Ei vom Kissen auf und befühlte es.

»Puh, ich habe Hunger, Ricky«, sagte er schließlich. »Ich gehe mal eben in den Keller und hol uns ein paar Äpfel. Ich treffe dich dann auf der Koppel.«

Ricky wollte gerade sagen, er wolle keinen Apfel. Er mochte einfach keine Äpfel mehr, seit Stormy nicht mehr ihr gemeinsames Spiel spielen konnte. Aber dann hielt Ricky David doch nicht zurück. Vielleicht wollte David mit diesem Angebot »Entschuldige bitte!« sagen. Und im Übrigen konnte Stormy ihm ja auch den Apfel aus der Hand fressen.

Westlich der Ranch kreisten mehrere Geier über einem bestimmten Punkt. Als Ricky aus der Tür trat, erblickte er sie. Der Schrei am vergangenen Abend fiel ihm ein und so rannte er sofort auf die Stelle zu, über der die Vögel ihre Kreise zogen. Diese verzogen sich zu den nahegelegenen Bergen.

Auf diesem Teil der Ranch wuchs dichtes Gebüsch. Als Ricky näher gekommen war, sah er einen Kojoten, der das verspeiste, was andere von einem Kalb übrig gelassen hatten. Ricky wurde übel, als er sah, wie das graue Tier große Fleischbrocken von dem Skelett des Kalbs riss und sie gierig verschlang. Er sah fast wie ein Schäferhund aus – bis auf das struppige Fell und das wilde Glitzern seiner Augen. Einen Augenblick später schlich sich das Tier fort, wobei es sich sehnsüchtig nach dem Kalb umsah.

Stormy stand schon am Koppeltor und horchte auf Rickys Schritte. Sobald dieser herankam, wieherte sein Pferd ihm freudig zu.

»Hallo, Stormy!« Ricky schlüpfte auf die Koppel. Mit einer Hand streichelte er Stormys warmen Hals und mit der anderen hielt er ihm einen Apfel hin. Stormy schnupperte daran und dabei stieß er ihn auf die Erde. Er versuchte, ihn dort zu finden, aber es gelang ihm nicht.

Ricky stand daneben und sein Herz krampfte sich bei dem Anblick zusammen. Stormy konnte den Apfel nicht sehen, obwohl er doch genau neben seinem rechten Huf lag! Ricky hob den Apfel auf und hielt ihn Stormy hin. Dabei sah er sich die Augen des Pferdes genau an. Beide waren mit einem dichten weißen Schleier bedeckt.

Ricky schwang sich auf den schwarzen Fleck auf Stormys Rücken. Sie ritten langsam los. Dabei klopfte Ricky Stormy immer auf die Seite des Halses, zu der hin Stormy gehen sollte. Und dennoch prallte das Pferd einmal gegen den Koppelzaun und stolperte ein anderes Mal über die Tränke.

Mit zitternden Knien stieg Ricky ab. Er umfasste Stormys weißen Kopf mit seinen Händen und sah ihn ängstlich an. Stormys Augen starrten ins Leere. Ricky fuhr mit einer Hand vor den Augen hin und her. Nichts geschah. Da brach Ricky in lautes Schluchzen aus und er presste sein Gesicht fest an die weißen Nüstern seines Pferdes. Stormy, sein Stormy, war völlig blind!

EINE WAGHALSIGE RETTUNG

Auf der ganzen Ranch entfaltete das Eisenkraut seine purpurnen Blüten. Die hohe Pappel neben der Koppel begann zu grünen. Wenn Ricky den Stall ausmistete, konnte er von den Zweigen der Mesquitebäume herab die Spatzen zwitschern hören. Bei der Gartenarbeit beobachtete er, wie die Eichhörnchen in den Pinien geschäftig von Ast zu Ast hüpften. Manchmal konnte man ihr lautes Schimpfen auch bis zur Ranch hören. Jeder Bau, jeder Vogel und jede Blüte verkündete, dass nun der Frühling wirklich Einzug gehalten hatte.

Doch Ricky hatte keine Augen für all die Schönheit um ihn herum. Seine Sorge um Stormy beschäftigte ihn viel zu sehr. Jeden Tag beobachtete er die unsicheren Bewegungen und das Stolpern seines Pferdes. Er sah auch, dass sein Vater nicht so sehr mit dem Zusammentreiben der Herde beschäftigt war, dass er Stormys Zustand nicht bemerkt hätte. Ricky betete, sein Vater möge doch Doktor Meadows anrufen, damit der so bald wie möglich zur Ranch käme.

»Hm«, murmelte David von seinem Bett her. »Grüne Weiden und frisches Wasser. Davon haben wir ja wirklich genug hier!«

Ricky stand am Schlafzimmerfenster. Er betrachtete den weißen Nebel, der die Berge verhüllte. Trotz der hereinbrechenden Dunkelheit konnte er noch etwas von diesen »grünen Weiden und frischen Wassern« sehen.

Nun drehte er sich langsam herum und betrachtete das Bild des Guten Hirten mit seiner Herde. »Wenn man ein Christ ist, dann bedeutet das nicht, dass man nur grüne Auen und frische Wasser vor sich hat, David.« Er runzelte nachdenklich die Stirn. »Manchmal sind die Weiden nicht grün. Manchmal führt Jesus einen an Orte, an denen das Wasser schäumt und tobt – wie der Bach hinter dem Mannschaftshaus nach dem Frühjahrsregen. Aber auch an solchen Orten bleibt Jesus bei jedem Christen. Dort hilft er ihm – und lädt ihn ein, alle Sorgen auf ihn zu werfen!«

Davids Augen sahen nun ganz traurig und sehnsüchtig aus. »Warum, Ricky? Warum muss das Wasser toben? Warum müssen immer wieder solche Schwierigkeiten auf uns zukommen?«

Ricky betrachtete seinen Cousin schweigend. Seit dem Abend, an dem er für ihn bestraft worden war, war David in dieser niedergedrückten Stimmung. Manchmal bemerkte Ricky, dass David ihn von der Koppel her auf dem Gemüsefeld beim Jäten beobachtete.

Ricky ging wieder zum Fenster hin und David knipste das Licht aus.

»Die Schwierigkeiten und Nöte kommen, weil Gott weiß, was am besten für uns ist«, sagte Ricky nach einer Weile. »Wir müssen ihm nur vertrauen, das ist alles.« Er betrachtete den weißen Nebel, der nun auch die Ranch einzuhüllen begann. »Du kennst doch das Puzzlespiel, mit dem sich Maggie jeden Abend abgemüht hat, oder?«

»Ja, sicher.«

»Nun, sieh mal: Wenn die einzelnen Stücke über den ganzen Tisch verstreut liegen, dann kann man nichts Vernünftiges erkennen. Aber wenn alle Stücke in der richtigen Reihenfolge aneinandergefügt sind, dann ergibt sich ein wunderbares Bild.« Ricky biss einen Augenblick lang auf seiner Unterlippe herum. Dann fuhr er fort: »So ähnlich ist es auch, wenn Gott im Leben eines Christen wirkt. Zuerst sind alle Einzelheiten ganz durcheinander und sehen schrecklich aus. Aber wenn Gott dann mit uns fertig ist und wir auf unser Leben zurückblicken, dann können wir erkennen, dass er die ganze Zeit wusste, was er tat.«

»Das klingt ja ganz gut, wie du das so sagst, Ricky«, sagte David leise. »Aber was geschieht, wenn Stormy nie mehr sehen kann? Wie wirst du dich fühlen, wenn er blind wird?« Davids Worte klangen nun scharf. »Was wirst du sagen, wenn Stormy – erschossen werden muss?«

Ricky musste seine Augen fest schließen. Stormy war ein Teil seines Lebens. Ein Teil seiner selbst. Seit jener Nacht, in der Stormy geboren worden war – ein winziges ungelenkes Fohlen –, hatte er Ricky gehört. Sie waren zusammen aufgewachsen – hatten die Berge und Täler durchstreift. Sie hatten zusammen geträumt, waren zusammen losgerannt, ja sie hatten sogar zusammen geschlafen. Als Stormy einmal krank gewesen war, hatte Ricky im Stall neben ihm auf dem Stroh übernachtet. Stets hatte er Stormy geliebt, ihn beschützt und für ihn gesorgt. Er konnte sich einfach nicht vorstellen, wie das Leben ohne seinen Stormy aussehen würde.

Nach einer langen Pause begann Ricky langsam zu sprechen. »Ja, David, das wäre das Schwerste, das ich überhaupt mitmachen könnte. Aber Gott sorgt für uns und er hat uns gesagt, dass wir alle unsere Sorgen auf ihn legen sollen. Irgendwie wird er schon alles zum richtigen Ende führen – genau wie Maggie ihr Puzzle immer wieder zu Ende führt.«

Im Stillen fragte Ricky sich: *Wenn ich wählen müsste, was würde ich wohl wählen: Stormys Augenlicht oder Davids Errettung?* Aber dann sagte Ricky sich: *Ich muss diese Prüfung Gottes bestehen! Ich muss einfach. David wird das sehen und vielleicht wird er Jesus dann als seinen Heiland annehmen.*

Als Ricky wieder zum Fenster hinaussah, bemerkte er, dass der Nebel nun die ganze Ranch eingehüllt hatte. Unten im Hof brannte noch eine Lampe. Das Licht sollte den Puma fernhalten. Plötzlich starrte Ricky angestrengt nach draußen. Dann rief er: »Komm schnell her, David!«

David kam zu Ricky ans Fenster. »Was ist denn los?«

»Weiß nicht. Sieh doch mal rüber zur Koppel. Bewegt sich da nicht irgendjemand?«

»Hm, schwer zu sagen. Ist schon so dunkel. Und dann noch der Nebel.« David ging näher ans Fenster heran, dann pfiff er plötzlich durch die Zähne. »He, jetzt sehe ich, was du meinst! Da unten bewegt sich tatsächlich was.«

Davids Worte wurden von einem leisen Donnerrollen begleitet. Am Lemmonberg hoch über der Ranch regnete es wahrscheinlich schon.

Ricky öffnete leise die Schlafzimmertür. Er zögerte einen Moment, dann kroch er hinaus in die Dunkelheit. David folgte ihm mit nackten Füßen und im Schlafanzug.

Die Jungen hörten den Wind, der hoch an den Berghängen pfiff. Schon nach kurzer Zeit waren ihre Gesichter vom Nebel ganz nass. Sie sahen, dass der Himmel mit dicken schwarzen Wolken verhangen war.

»Pst!« Ricky tastete nach Davids Arm. »Da hinten! Hast du da auch was gesehen?«

David strengte seine Augen an, um etwas zu erkennen. »Hm, ich glaube – sieht aus wie ein Pferd, aber ich bin mir nicht sicher.«

»Ich glaube auch, es ist ein Pferd – mit jemandem auf dem Rücken.« Ricky versuchte, die wehenden Nebelschwaden zu durchdringen, die das Pferd einhüllten. »Ich hole Vati – sicher ist sicher!«

Mr Carlson nahm die Winchesterbüchse mit zum Paddock, Ricky folgte ihm auf den Fersen.

»Comanche!«, rief Ricky leise. »Jemand hat Comanche geklaut!«

Tiefe Furchen erschienen auf Mr Carlsons Stirn. »Ja, tatsächlich. Was habt ihr denn hier draußen gesehen, Ricky?«

»Nur irgendetwas – oder irgendjemanden – der sich hier bewegt hat. Das ist alles.«

David seufzte. »Und ich habe Comanche immer geritten.«

»Comanche war ein gutes Pferd«, sagte Mr Carlson und warf einen Blick in den Vorratsraum.

»Unser stiller Besucher hat auch Sattel und Zaumzeug mitgehen lassen.«

Rickys Gedanken wirbelten wild durcheinander. Sie

könnten den Sheriff rufen, aber der war in Tucson. Und morgen würde der Dieb schon einen riesigen Vorsprung haben.

»Ihr Jungs geht am besten ins Bett. Ich hole mir die Laterne und sehe mich mal unten an der Straße um.«

Bevor Ricky einschlief, sah er noch einen hellen Blitzstrahl vor seinem Schlafzimmerfenster. Er hörte auch den rollenden Donner, der folgte. Aber er hörte nicht mehr den Regen, der die ganze Nacht hindurch über der Ranch niederging.

Am nächsten Morgen nieselte es nur noch. Die Ranch war in die dicke weiße Wolke eingehüllt, die über den Catalina-Bergen lag.

»Hast du irgendetwas gefunden, Vati?«, fragte Ricky beim Frühstück gespannt.

»Nichts, aber auch gar nichts!«, kam die Antwort. »In der vergangenen Nacht war kein Pferd auf der Straße. Und inzwischen hat der Regen alle Hufspuren verwischt. Wir müssen also die Hoffnung aufgeben, Comanche zu verfolgen.«

»Dann wird uns also der Kerl, der ihn geklaut hat, durch die Lappen gehen?«, fragte David.

Mr Carlson kaute ruhig und schluckte einen Bissen Toast herunter, bevor er antwortete. »Vielleicht.

Vielleicht auch nicht. Wir müssen einfach beten – Gott kann uns Comanche schon zurückgeben.«

Ricky hörte, wie David murmelte: »Ha, das ist aber auch wirklich eine riesige Chance!«

Es regnete den ganzen Tag lang. Das Wasser füllte die trockenen Bachbetten hoch oben in den Bergen und bereitete sich darauf vor, durch die enge Schlucht hinter Augustins Haus ins Tal zu rauschen. Inzwischen hatte ein scharfer Nordwind die Nebelschwaden auseinandergetrieben. Die Lemmonberg-Straße war schon völlig ausgewaschen und es würde Wochen dauern, bis man sie wieder befahren könnte. Die Straße, die zur Ranch führte, war vom Wasser überflutet. Alle elektrischen Leitungen und Telefonkabel waren vom Sturm abgerissen worden.

Am späten Nachmittag ging Ricky über die schmale Brücke, die über die Schlucht führte. Er sah nach, ob die Kälber auf der anderen Seite der Schlucht in Sicherheit waren. Dann begann er, die Brücke wieder zu überqueren. Kaum hatte er den schmalen Steg betreten, da hörte er plötzlich ein lautes Dröhnen. Was konnte das nur sein? Durch die dicke Wolkendecke konnte er kein Flugzeug sehen und meilenweit gab es keine Eisenbahnlinie. Und doch kam das Brausen stetig auf ihn zu, immer lauter und schneller.

Und dann wusste Ricky plötzlich, was los war. Eine riesige Wasserwand kam die Schlucht hinunter auf ihn zugestürzt.

»Springflut!«, schrie Ricky. Aber niemand auf der Ranch hörte ihn. Niemand – außer einem Pferd, das wie ein heraufziehendes Gewitter aussah. Stormys Körper spannte sich, als er die Stimme seines Herrn vernahm. Er spitzte die Ohren, um das zu hören, was er nicht mehr sehen konnte.

Ricky konnte sich nicht bewegen, konnte keinen Entschluss fassen. Das heranbrausende Wasser gab ihm auch keine Zeit zum Nachdenken. Er schlang seine Arme um das Geländer der hölzernen Brücke und hoffte, das Wasser möge nicht so hoch steigen. Vielleicht könnte die tiefe Schlucht das Wasser fassen.

Aber die Schlucht war nicht tief genug. Tonnenweise rauschte das Wasser unter der Brücke hindurch, ohne sie zu berühren. Aber dann kam plötzlich eine riesige Welle. Sie zerschmetterte die schmale Brücke, als sei sie ein Streichholz in der Hand eines Riesen. Ricky wurde von den Wassermassen einfach weggespült.

Doch dann verfing er sich in den großen Zweigen eines Mesquitebaumes, der auf dem Boden der Schlucht wuchs. Er klammerte sich dran fest und schnappte nach Luft. Er konnte dankbar sein, dass er überhaupt noch lebte.

Wenn das Wasser nur einige Zentimeter höher gewesen wäre ...

Aber er war noch lange nicht in Sicherheit. Das Wasser rauschte immer noch von den Bergen herab. Jeden Augenblick schwebte er in Gefahr, aus dem Baum herausgerissen und gegen einen Felsen geworfen zu werden.

»Hilfe!« Ricky bekam kaum noch Luft und musste sich mit aller Kraft an dem Baum festhalten. »Vati! Augustin! Helft mir doch!«

Stormys Ohren fingen Rickys Hilfeschrei auf. Er hatte seinen weißen Kopf in die Luft gereckt und seine Ohren horchten in die Ferne. Seine Muskeln zitterten, als er jetzt aufgeregt auf der Koppel hin- und herlief. Dann begann er seine dunkle Welt abzumessen. Er trottete zum Tor und dann zurück. Dann trottete er wieder auf das Tor zu und noch einmal zurück. Endlich rannte er los, rannte geradewegs auf das Tor zu und sprang – sprang über das Tor hinweg.

Stormy bewegte sich zuerst unsicher auf das brausende Wasser zu. Manchmal stolperte er über Felsbrocken, einmal über einen Ast, den der Blitz in der vergangenen Nacht von der Pappel abgeschlagen hatte.

Endlich stand Stormy am Rand der Schlucht. Er wieherte fragend.

Stormy setzte einen Huf in das rauschende Wasser und zog ihn sofort wieder zurück. Doch dann warf er sich mit einem Riesensatz in das kalte tiefe Wasser, wobei er von Rickys Stimme gelenkt wurde. Bevor das Wasser Ricky von seinem Halt losgerissen hatte, konnte Stormy ihn erreichen.

»Langsam, alter Junge!«, rief Ricky, während er auf den Rücken des Pferdes stieg. »Das Wasser ist reißend, aber du wirst es schaffen. Langsam jetzt. Pass auf, ich werde dich wieder mit meinen Händen auf deinem Nacken leiten. Du weißt doch noch, wie das geht.«

Während Stormy Ricky in Sicherheit brachte, beobachtete ein Mann die beiden. Weder der Junge noch sein Pferd sahen sein hartes lederartiges Gesicht, das am Ufer über ihnen durch die Pinienäste blickte. Ein bewundernder Blick lag in Manny Garcias schwarzen Augen.

EIN WUNDER MUSS GESCHEHEN

Mr Carlson war auf dem Weg zum Paddock, als Stormy und Ricky in Sicht kamen. Das Pferd tastete sich unsicher vorwärts. Ricky hing auf seinem Rücken, fröstelnd und durchnässt.

»Ricky! Wo bist du mit Stormy gewesen? Was ist denn bloß mit dir passiert?«

Ricky führte sein blindes Pferd auf die Koppel. Er begann Stormy mit einer Satteldecke abzureiben und dabei erzählte er seinem Vater, was passiert war.

Mr Carlson streichelte Stormys Nacken. »Aber wie ist er denn bloß aus dem Paddock gekommen? Das Tor war doch geschlossen.«

Ricky blickte über den Zaun und betrachtete die tiefen Hufspuren im Lehm. »Ich glaube, er ist für mich über das Tor gesprungen, Vati. Stell dir das mal vor!«, sagte er mit tränenerstickter Stimme. »Obwohl er blind ist, hat er sein Leben riskiert, um herauszukommen und mir zu helfen!«

Mr Carlson blickte von Stormy zu Ricky und auch ihm stiegen die Tränen in die Augen. »Stormy ist ein großartiges Pferd, mein Junge. Wir alle leiden darunter, dass er blind ist.«

Mr Carlsons Worte machten Ricky unruhig.

»Aber – Doktor Meadows wird doch kommen, oder, Vati? Er wird Stormy doch helfen, oder?«

Mr Carlsons Worte kamen langsam und bedächtig. »Ich weiß nicht – sieh dir doch mal die Straßen an. Wer weiß, wann die Straßenbauarbeiter hier heraufkommen? Der alte Doktor Meadows kann doch unmöglich mit dem Pferd hier heraufreiten. Er – er ist vielleicht schon zu alt, um Stormy zu operieren. Seine Hände sind unsicher.«

»Ja, können wir denn keinen anderen Arzt bekommen?«

»Es würde ein Vermögen kosten, einen Tierarzt von Tucson hierher zu holen. Und eine Operation würde noch viel mehr kosten – wenn die überhaupt helfen würde.«

»Ja, aber was – was wollen wir denn tun?«

Mr Carlson sah zu Zimt hinüber. »Das Fohlen da drüben wird ein ganz tolles Pferd werden.«

»Nein! O Vati, bitte nicht!« Ricky schlang die Arme fest um Stormys Hals. »Kein Pferd könnte mir Stormy ersetzen!«, sagte er heftig, während er Stormys Mähne streichelte.

»Wir werden die Dinge noch eine Zeit lang laufen lassen. Aber wir brauchen den Paddock für Pferde, die – nun, die nicht blind sind. Tagsüber müssen wir Stormy auf die freie Weide hinauslassen.«

»Aber der Puma!«

»Ich weiß, Ricky, und es tut mir leid. Aber du weißt doch, dass sich nicht die ganze Ranch nach einem einzigen Pferd richten kann.« Mr Carlson seufzte und tätschelte den Nacken des Pferdes. »Ich glaube, wir müssen um ein Wunder für Stormy beten.«

Plötzlich drehten sich Vater und Sohn überrascht um. Beide konnten es kaum glauben: In leichtem Trab kam Comanche auf sie zu – mit Sattel und Zaumzeug. Er sah müde aus. Ricky führte Comanche in den Stall. »Wer ihn mitgenommen hat, der hat ihn sich nur ausgeliehen, glaubst du nicht auch?«

Mr Carlson nahm Comanche den Sattel ab und führte ihn in eine Box. »Ich weiß nicht, was ich denken soll. Ich habe noch nie gehört, dass jemand ein Pferd gestohlen und es dann zurückgebracht hat.«

Die Bergbäche führten immer noch eine Menge Wasser mit sich; die Schlucht hinter dem Mannschaftshaus war immer noch überflutet. Als sich der Nebel endlich verzog, schimmerten die Berge grün im Sonnenlicht. Die weiten Ocotillofelder nördlich der Ranch standen in voller Blüte.

»Jetzt hat der Regen endlich aufgehört«, sagte Mr Carlson eines Morgens am Frühstückstisch, »also können Augustin und ich jetzt hinausreiten, um die letzten

Kälber zusammenzutreiben. Wenn sich das Wetter hält, dann treiben wir sie in die Boxschlucht, um sie dort mit dem Brandzeichen zu versehen.«

Er küsste seine Frau zum Abschied. »Wir werden zwei oder drei Tage weg sein. Und sieh mal hier, Liebling – ich lass dir den Revolver da.«

»Vielleicht werden die Kälber den Puma in die Schlucht locken«, sagte Ricky. »Dann könnt ihr ihn gleich dort töten!«

»Wir wollen hoffen, dass das klappt«, lächelte sein Vater. »Du und David, ihr beide müsst jetzt hier nach dem Rechten sehen. Eigentlich bin ich um diese Zeit nicht gerne von der Ranch weg.«

Augustin und Rosita standen an der Tür. Rosita würde mit im Haupthaus wohnen, solange ihr Mann fort war.

»Ich gerade sehen Sheriff in den Bergen«, sagte Augustin, der seine alte Springfield in der Hand hielt. »Er mir sagen, Kaufhaus in Oracle – es wieder ausgeraubt worden sein.«

Mr Carlson blieb zögernd an der Tür stehen. »Was? Wann?«

Augustin zuckte die Schultern. »Eine Nacht letzte Woche. Ein Mann brechen in Geschäft spät in der Nacht und nehmen viele Dinge mit. Vielleicht ein Goldsucher, ja?«

Ricky starrte von einem Mann zum anderen. Er hatte noch nie gehört, dass ein Goldsucher in ein Geschäft eingebrochen war. Ein Goldsucher würde einen Ladeninhaber eher anpumpen, als dass er einbrechen und stehlen würde.

Mr Carlson zog die Stirn kraus. »Die Straßen sind zwischen Oracle und unserer Ranch ausgewaschen. Ich schätze also, dass die Ranch vor den Gaunern sicher ist. Du hast doch keine Angst, Ruth?«

Rickys Mutter lächelte. »Erinnerst du dich nicht, was du immer gesagt hast? Gott ist immer noch auf dem Thron. Er wird schon auf uns aufpassen, während ihr weg seid – macht euch also keine Sorgen.«

David wandte das Gesicht ab, aber nicht schnell genug, dass Ricky nicht seinen sehnsüchtigen Blick bemerkt hätte. Vielleicht sprach Davids Mutter auch manchmal so; im Augenblick sah er jedenfalls so aus, als hätte er schreckliches Heimweh!

Ricky rief seinem Vater von der Tür aus nach: »Vati, kann Stormy im Paddock bleiben, während du weg bist?«

Mr Carlson winkte Ricky zu. »Na klar, Ricky. Und sorg gut für alles, während ich weg bin.«

Ricky fühlte sich einsam, als er zusah, wie sein Vater von der Ranch wegritt. Er fühlte sich immer noch einsam, als er an diesem Abend die Hühner fütterte, obwohl Margret ihm die ganze Zeit an den Fersen klebte.

»Was machen wir denn, wenn der Puma kommt, während Vati weg ist?«, fragte sie. »Kann Mutti wirklich mit dem Revolver umgehen?«

Ricky wünschte, sie wäre nicht auf den Puma zu sprechen gekommen. Er hatte schon genug Sorgen: Ein verwundeter Mörder, der frei herumlief; ein blindes Pferd; ein neugeborenes Fohlen. Es war auch möglich, dass wieder ein Sturm losbrach, ohne dass sie ihn früh genug bemerkten.

»Wie Mutti sagte, Maggie: Wir müssen Gott vertrauen. Er wird schon für uns sorgen.«

Seine Schwester blieb überrascht stehen, als das verkrüppelte Huhn auf sie zugehüpft kam und wild mit den Flügeln flatterte.

»Sieh dir doch mal Hoppys Kamm an, Ricky! Der wird ja endlich rot! Und schau nur, wie lebhaft Hoppy geworden ist!«

Als Ricky sich umwandte, flog Frosty auf seinen Arm und pickte an einer der Sommersprossen herum. »Ja, die arme alte Hoppy wird langsam erwachsen. Kümmere du dich um sie, ich sorge in der Zwischenzeit für die anderen Hennen.«

Die beiden waren immer noch mit den Hühnern

beschäftigt, als plötzlich ein lauter Schrei die Stille zerriss. Von allen Bergen ringsherum klang das Echo zu ihnen herüber. Dann war wieder Stille. Nur Frosty reckte ihren Hals und gackerte aufgeregt.

David stand wie gelähmt am Wassertank auf der Koppel. Maggie rannte zum Haus, aber Ricky blieb im Hühnerhof – sein Mund war trocken und er zitterte am ganzen Körper.

Ricky wandte sich um, um seine Mutter anzusehen. Sie hatte den Revolver fest in ihrer mehlbeschmierten Hand.

»Wir haben nichts gesehen! Haben nur diesen schrecklichen Schrei gehört!« Er machte einen Schritt auf sie zu. »Was machen wir denn heute Abend mit den Pferden?«

»Tu das, was dein Vater auch tun würde. Bring sie in den Stall und verschließ die Tür. Ich glaube nicht, dass er die Pferde angreifen wird, wo doch so viele Rinder auf der Weide sind.«

Ricky nickte. »Aber wir können doch nicht zusehen, wie er ein Kalb nach dem anderen abschlachtet, Mutti.«

Mrs Carlson schüttelte den Kopf. »Dein Vater wollte ein paar Männer zusammentrommeln und die Raubkatze jagen. Aber bevor er herumtelefonieren konnte, hat der Sturm die Telefonleitungen abgerissen.«

»Ich hole sofort die Pferde herein!«, sagte Ricky.

Er bürstete Stormy ab, als er ihn in einer der Boxen untergebracht hatte. Dann trat er einige Schritt zurück und blickte Stormy nachdenklich an. Was hatte Augustin doch noch gesagt?

»Manny Garcia, er sein eine schlechte Mann! Aber ich weiß, er lieben Pferde sehr viel. Vielleicht, Ricky, er kann dich helfen.«

Ricky ging langsam zum Haus zurück. Manny Garcia. An jenem Tag in Oracle hatte er gesagt, er habe augenblicklich zu viel zu tun. Aber jetzt war er doch in der Blauen-Korallen-Höhle. Wenn er Pferde wirklich liebte, dann würde er doch jetzt bestimmt nicht zu beschäftigt sein, um ihn anzuhören. Vielleicht war er das Wunder, das Gott für Stormy schicken wollte.

»Ja«, sagte Ricky langsam zu sich selbst. »Ich glaube, wenn Vati nach Hause kommt, dann werde ich Manny Garcia mal besuchen. Vielleicht wird er mir dann sagen, ob ich irgendetwas für Stormys Augen tun kann.«

MANNY GARCIA

Nachdem Ricky sich entschlossen hatte, zu Manny Garcia zu gehen, um ihn um Hilfe zu bitten, wartete er ungeduldig auf die Rückkehr seines Vaters. An diesem Abend erzählte er David im Schlafzimmer von seinem Plan.

»Warum können wir denn nicht jetzt schon gehen?«, fragte David. »Warum müssen wir warten, bis er wieder zu Hause ist?«

»Mutti braucht uns vielleicht. Und im Übrigen haben wir Vati versprochen, dass wir hier für die Schule lernen, selbst wenn der Schulbus nicht zu uns heraufkommt.« Eine Zeit lang beobachtete er die Petroleumlampe, die riesige Schatten an die Wand warf. Dann fuhr er fort: »Ich glaube, dass wir an diesem Samstag zu Manny gehen können. Dann haben wir auch einen ganzen Tag Zeit.«

David murmelte eine Antwort und wandte sich dann wieder seinem Buch zu.

»Was liest du denn da?«, fragte Ricky. »Muss ja ein tolles Buch sein – wenn du bei dem schlechten Licht noch darin liest.«

David bekam einen knallroten Kopf und warf das Buch zur Seite. Es fiel vom Bett herunter und lag mit der

Titelseite nach oben auf dem Teppich. Der Titel lautete: »Wie lerne ich den Filipino besser kennen«. Ricky erinnerte sich, dass dies das Buch war, das Davids Eltern ihm dagelassen hatten, als sie zu den Philippinen zurückgekehrt waren. Bis heute hatte David das Buch nicht angerührt.

»Ich – ich lese das nur, weil – nun – ich vermisse eben Mutti und Vati, das ist alles«, murmelte David.

»Natürlich tust du das! Das würde ich auch, wenn ich du wäre. Nur ...« Ricky zögerte, denn er befürchtete, seinen Cousin zu verletzen. »Nur – du möchtest doch nicht zu ihnen zurückgehen, ohne Jesus angenommen zu haben, oder?«

David blickte auf das Buch hinunter, das immer noch auf dem Fußboden lag. »Ich weiß noch nicht, ob ich überhaupt zurückgehen will. Du weißt ja gar nicht, wie das Leben auf den Philippinen aussieht. Da gibt es nur Unordnung und Dreck und halbnackte Leute – einige haben überhaupt nichts an. Da gibt es nur Krankheiten und Seuchen. Wir haben heute Abend eine Petroleumlampe an, weil der Sturm die Leitungen abgerissen hat. Aber da unten, da spielt es gar keine Rolle, ob ein Sturm war oder nicht – da gibt es nie elektrisches Licht. Da gibt es auch keine Badezimmer und kein fließendes Wasser. Und keinen Menschen, mit dem man Englisch sprechen kann!«

Ricky beobachtete den Ruß, der von der Lampe aufstieg. Er ging hinüber, um den Docht etwas runterzudrehen. »Ich bin zwar nie dagewesen, aber ich weiß, dass die Leute Kleider und Schulen und eine Menge anderer Dinge nötig haben. Aber selbst, wenn ich ein Filipino wäre, der im Dschungel leben müsste, dann glaube ich, dass mir Jesus lieber wäre als alles andere, was man mir bringen könnte.«

Einen Augenblick lang sah David Ricky mit traurigen Augen an. Dann drehte er sich mit dem Gesicht zur Wand und sagte nichts mehr.

Am späten Freitagabend kamen Mr Carlson und Augustin nach Hause zurück. Nachdem das mexikanische Ehepaar das Haus verlassen hatte, um in seine eigene Wohnung zu gehen, streckte sich Mr Carlson vor dem Kamin aus. Die Pinienscheite, die Ricky in die Flammen geworfen hatte, knisterten lustig und füllten das Haus mit ihrem würzigen Duft.

»Onkel Paul?«

»Was ist denn los, David?«

David blickte von seiner Tante zu Maggie und dann zu Ricky. »Könnte – könnte ich dich mal allein sprechen?«

Die beiden verschwanden zusammen. Aus dem Schlafzimmer waren nur ihre leisen Stimmen zu hören. Rickys

Augen trafen die seiner Mutter; sie sahen sich vielsagend an.

Mr Carlson kam allein zurück. »Ricky, es tut mir leid, dass ich dich wegen des Gewehres bestraft habe. Aber ich glaube, du hast das Richtige getan, als du die Strafe für David auf dich genommen hast. Du hast deine Arbeit fleißig und ohne Widerworte erledigt und das hat David bemerkt. Der Junge hat eine Menge nachgedacht. Ich glaube, dass er in der nächsten Zeit Jesus annehmen wird.«

Am nächsten Morgen traf Ricky seinen Vater draußen im Flur.

»Vati, können David und ich mal was für uns unternehmen?«

Mr Carlson sah Ricky überrascht an. »Ich wüsste nicht, warum ihr das nicht dürfen solltet. Ihr habt sehr gut gearbeitet, habt hier alles prima in Ordnung gehalten, während ich weg war. Oh, aber sag mal – reitet bitte nicht in westlicher Richtung.«

Ricky sah seinen Vater überrascht an. »Warum nicht?«

»In der Richtung hat der Berglöwe wieder einmal zugeschlagen. Aber sag Mutti bitte nichts. Augustin und ich wollen heute versuchen, ihn zu erledigen.«

Ricky seufzte erleichtert auf. Er und David konnten also wenigstens ohne Sorge nordwärts reiten.

Margret packte den beiden Jungen nur unter der Bedingung ein Mittagessen zusammen, dass sie mitgehen dürfe. Ricky sah keinen Grund, warum er sie nicht mitnehmen sollte. Er wollte auch aus seinen Plänen kein großes Geheimnis machen.

Auf dem Weg zu den Bergen hinauf versuchte er, Maggie seine Pläne zu erklären. Für sie war die ganze Sache viel aufregender als für ihn selbst.

»Du willst also wirklich zu irgendeiner Höhle gehen, um einen Verbrecher aufzusuchen?«

»Du brauchst ja nicht mit reinzukommen!«, sagte Ricky schnell und er wünschte, Maggie hätte seinen Plänen nicht einen so geheimnisvollen Anstrich gegeben. »Und David kann auch draußen bleiben! Siehst du denn nicht, dass das die beste Möglichkeit ist, Stormy zu helfen? Vielleicht ist es sogar die einzige Möglichkeit. Übrigens ...«, fügte er hinzu, »Manny Garcia ist ja kein Verbrecher mehr. Er ist freigelassen worden.«

»Aber warum versteckt er sich dann in einer Höhle?«

Ricky biss sich auf die Lippe. »Ich habe gar nicht gesagt, dass er sich versteckt. Ich habe nur gesagt, dass er sich dort aufhält.«

Ricky begann, selbst an der Weisheit seines Planes zu zweifeln. Er und David hatten sich an jenem Tag in der Höhle schrecklich gefürchtet. *Natürlich!*, versuchte er sich selbst zu überzeugen. *Wir hatten ja damals gerade den Puma gesehen. Aber jetzt brauchen wir doch nur in die Höhle hineinmarschieren und Garcia bitten, unserem Pferd zu helfen. Was ist also so schrecklich Geheimnisvolles dabei?*

Ricky wandte nun seine Aufmerksamkeit den Bergen zu, die sich vor ihnen auftürmten. Er konnte jetzt verstehen, warum Fremde die Berge immer mit Kirchtürmen oder Zinnen alter Schlösser verglichen.

Die Pferde passierten den »Sattel« und stiegen dann langsam in die felsige Schlucht hinab. Hier blieben sie plötzlich verwirrt stehen.

»Ach, ich bin doch wirklich blöd!«, sagte Ricky laut. »Da habe ich doch ganz den Fluss vergessen, den wir überqueren müssen.«

Der Fluss war breit und reißend. Hier und da ragten spitze Felsbrocken aus dem Wasser. Ricky sah zu seiner Schwester hinüber.

»Ich schätze, wir hätten dich besser nicht mitkommen lassen, Maggie. Ich weiß jetzt einfach nicht, was wir tun sollen!«

»Ich kann doch mit den Pferden auf dieser Seite des Flusses bleiben«, sagte sie schnell. »Ich habe keine Angst. Übrigens, sieh doch mal da hinüber. Sieht so aus, als habe schon mal einer den Fluss überquert!« Sie deutete mit der Hand zu der Stelle hinüber. »Da, seht ihr das nicht?«

»Mensch, klar!«, rief David. »Da hat einer aus Felsbrocken einen Weg durch den Fluss gebahnt.«

Ricky glitt von Skippers Rücken herunter und wühlte in seinen Taschen herum. »Na, ich hab doch nicht alles vergessen. Schau mal, Maggie, ich hab eine alte Trillerpfeife für dich mitgebracht. Wenn irgendetwas passiert, dann pfeif dreimal – aber laut!«

Margret nickte, dann stieg auch sie ab, um die Pferde an einem Baum festzubinden.

Ricky und David überquerten den reißenden Strom und kletterten dann das gegenüberliegende Ufer hinauf. Sie wagten sich nur im Flüsterton zu unterhalten.

Als die Jungen das schlüpfrige Ufer erklommen hatten, begannen sie nach dem Höhleneingang zu suchen. Es war gar nicht so einfach, ihn zu finden, denn irgendjemand hatte ihn mit Tannenzweigen getarnt. Sie zogen die Zweige auseinander, blickten sich noch einmal kurz an und dann betraten sie die Höhle. Wieder war sie in dieses seltsame blaue Licht getaucht.

Ricky tastete nach Davids Arm, während sie den großen Raum betraten. Er war leer und still. Ricky sah einen dünnen Lichtstrahl, der durch eine kleine Öffnung in der Decke von einem der Tunnel fiel.

Jetzt wusste er es – diese Strahlen, die von den glitzernden blauen Felsen zurückgeworfen wurden, hüllten die Höhle in das seltsame bläuliche Licht.

»Nun, da wären wir«, flüsterte David. »Aber wo ist Garcia?«

Ricky flüsterte zurück: »Erinnerst du dich noch? Sie sagten irgendetwas von Kupferadern. Sie sagten, sie müssten diesen Adern zu irgendeinem Tunnel folgen. Wir könnten nach diesem Tunnel suchen.«

»Und was passiert, wenn wir den Weg verlieren?«

»Das werden wir bestimmt nicht«, antwortete Ricky fest. »Wir dürfen nur nicht vom Haupttunnel abweichen.«

Auf Zehenspitzen untersuchten die Jungen drei der Tunnel, die von der Hauptkammer abzweigten. Der erste und der zweite endeten vor einer Felswand, der dritte Tunnel an einem tiefen Loch. Enttäuscht gingen die Jungen zurück. Sie versuchten tapfer, die Fledermäuse zu übersehen, die um ihre Köpfe flatterten.

Ricky deutete auf eine weitere Tunnelöffnung. »Komm, wir versuchen den mal. Irgendwo muss ja der richtige Tunnel sein.«

Sie waren kaum einige Schritte hineingegangen, da sahen sie schmale Kupferadern. Im Laufe der Jahre hatte sich eine dicke Schmutzschicht auf diesen Adern abgelagert, aber hier und dort konnte man sie doch noch erkennen. Schweigend folgten die Jungen den Adern um eine Biegung des Tunnels.

David blieb plötzlich stehen und hob seine Hand, um auch Ricky zum Stehenbleiben zu veranlassen. Sie hörten das Geräusch von Männerstimmen.

Ricky flüsterte: »Vielleicht gehen wir besser richtig laut weiter. Wenn wir hier hereingeschlichen kommen, dann kann man schwer sagen, was sie mit uns machen werden!«

»Na gut. Dann wollen wir mal!«

Die Jungen gingen mit festen Schritten durch die Höhle. Außer dem Klatschen ihrer Stiefelabsätze auf dem felsigen Boden hörten sie nur das ständige Tropfen von Wasser.

Der Tunnel führte wieder um eine Biegung und dann befanden sich die Jungen in einem schmalen Raum. Hier tropfte das Wasser lauter. Ricky nahm an, dass ein unterirdischer Bach durch den Raum führe.

»Hier ist keiner«, flüsterte David rau.

»Sie müssen einfach hier sein. Es gibt keinen Weg aus der Höhle heraus, außer dem, auf dem wir gekommen sind.«

Das blaue Licht war in diesem Raum sehr fahl; die Schatten waren noch dunkler. Hier gab es Hunderte von Felssäulen – blau oder hellrosa.

Ricky konnte leises, aber aufgeregtes Atmen hören.

»Mr – Mr Garcia?«

Ricky und David hörten nur das leise Rauschen des Wassers.

»Bitte, Mr Garcia, wir wissen, dass Sie hier sind!« Ricky räusperte sich mehrmals. »Sehen Sie, wir – wir sind schon mal hiergewesen!«

Ein Kopf schob sich langsam über den Rand einer der Felssäulen. Ein breitrandiger Sombrero bedeckte graues Haar. Unter dem breiten Hutrand kamen stechende Augen und ein dunkelbraunes Gesicht zum Vorschein. Der Kopf schob sich noch etwas höher – dann wurden eine Lederjacke und ein breiter Ledergürtel mit einer Silberschnalle und einem Revolver sichtbar.

»Ihr habt einen großen Fehler gemacht, Jungs«, sagte Garcia langsam. Er hielt einen Moment inne, um seine Worte richtig wirken zu lassen. Dann zog er den Revolver und deutete mit ihm zu einer Wand hin. »Dort hinüber, ihr beiden. Setzt euch hin, mit dem Rücken zur Wand, sodass ich euch im Auge behalten kann.«

Ricky ließ mutlos die Arme sinken. Sein Herz hämmerte so laut und schnell, dass er Garcias Worte kaum hören konnte. »Wir sind nicht gekommen«, begann er, »um Ihnen Ärger zu machen. Es ist nur ...«

Aber der Mexikaner wollte sich die Erklärungen gar nicht anhören. »Tu das, was ich dir gesagt habe – bevor mit einem von euch was passiert!«, bellte er. »Meine Männer sind nervös und wir wollen hier rauskommen!«

Ricky ging mit steifen Schritten zu der Felswand hinüber. David folgte ihm auf den Fersen und Ricky konnte seinen stoßweisen Atem hören.

»Es ist wegen meines Pferdes«, sagte Ricky und versuchte noch einmal, sich Gehör zu verschaffen. »Bitte ...«

Manny Garcia wirbelte herum. »Wirst du endlich still sein! Ich will nichts mehr von dir und deinem Pferd hören! Du hättest nicht hierherkommen und dich in Dinge mischen sollen, die dich nichts angehen!«

Nun kamen auch Manny Garcias Männer an seine Seite. Sie schienen aus dem Boden zu wachsen, aber Ricky nahm an, dass auch sie sich hinter den Felssäulen versteckt gehalten hatten. Er konnte sich nicht vorstellen, warum sie sich unbedingt verstecken mussten – Garcia war doch jetzt nicht mehr im Gefängnis.

Wieder einmal beugten sich die drei Männer über die vergilbte Kerze. *Der dünne Mann sieht aus wie eine Ratte, die auf ein Stück Käse starrt!*, dachte Ricky. Der Mann murmelte leise etwas.

Ricky wandte seinen Kopf nach rechts. Ungefähr einen Meter entfernt sah er den klaren Bergbach, dessen Plätschern und Tropfen sie schon vorher gehört hatten. Dieser Bach war aber bestimmt nicht durch den Frühjahrsregen entstanden. An den moosbedeckten Felsen konnte man erkennen, dass er das ganze Jahr über unterirdisch floss.

Garcia fluchte leise. »Es muss einfach hier sein! Auf der Karte ist es hier eingezeichnet und Mama Hernandez hat noch nie im Leben gelogen.«

Ricky spitzte seine Ohren. Dann wandte er sich an Garcia: »Mama Hernandez? War das nicht die alte Frau, die oben an der Lemmonberg-Straße gewohnt hat, und die vor drei oder vier Jahren gestorben ist?«

Der Mexikaner nickte geistesabwesend. »Sie war ein guter Freund von mir – ein sehr guter Freund. Als ihr Mann starb, habe ich die verrücktesten Aufträge für sie übernommen. Wir sind wie Mutter und Sohn miteinander ausgekommen.« Plötzlich lachte Garcia rau und stieß seinen kleinen dicken Freund in die Rippen. »Schau mich nicht so an, Pedro! Selbst ein Mann wie ich bedauert es, nie eine richtige Mutter gehabt zu haben.«

David seufzte und drehte schnell seinen Kopf weg.

Zum ersten Mal erkannte Ricky, dass Garcia trotz allem in der Lage war Liebe und Schmerz zu empfinden. Ricky hatte das Gefühl, dass der Gefährlichste der drei Männer das Rattengesicht war.

»Hat – hat Mrs Hernandez Ihnen die Karte gegeben?«, fragte Ricky.

Garcia zog eine Grimasse. »Na, ich schätze, es gibt keinen Grund, es euch nicht zu sagen. Sobald wir gefunden haben, was wir suchen, machen wir uns ja doch aus dem Staub. Und dann wird uns niemand finden. Aber eins kannst du dir gleich hinter die Ohren schreiben.« Er deutete mit seinem knochigen Finger auf Ricky. »Ihr werdet diese Höhle nicht verlassen, bis wir das gefunden haben, was wir suchen!«

Beim Gedanken an Maggie, die auf dem Hügel auf sie wartete, wurde Ricky unbehaglich zumute. Er war nun nicht mehr so sicher, dass dieser Ausflug der Weg des Herrn war.

Da lächelte Garcia plötzlich und die harten Linien in seinem Gesicht verschwanden. »Mama Hernandez hat mir diese Karte gegeben. Vor vielen Jahren hat ihr Mann in der Nähe von Tucson eine Kutsche beraubt – ganz in der Nähe der heutigen Straße nach Oracle. Er erbeutete damals zwei Taschen mit Goldstaub und hat sie in dieser Höhle versteckt. Dann hat er diese Karte gezeichnet, damit er zurückkommen und das Gold holen könnte, wenn über die ganze Geschichte Gras gewachsen war. Aber stattdessen hat er sich eine Lungenentzündung geholt und ist gestorben.« Garcia grinste.

»Mama Hernandez wollte etwas für mich tun, deshalb gab sie mir diese Karte. Bis jetzt hatte ich noch keine Zeit, das Gold zu suchen, denn ich musste ja ins Gefängnis.«

Pedro nickte ihm zustimmend zu. »Aber wir hatten eine Menge Zeit, die Karte dort zu studieren!«

Garcia schob sich den Sombrero in den Nacken. »Wir haben sie studiert, bis wir sie fast so gut kannten wie unsere eigenen Gesichter. Allerdings ...« Er brach ab und seufzte schwer. »Wir haben das Gold nicht gefunden. Noch nicht. Aber wir werden es finden! Und ihr werdet hier nicht rauskommen, um uns zu verraten, meine jungen Freunde! Ihr werdet hier an diesem Ort bleiben, bis wir das Gold haben.«

Ricky zog die Stirn kraus. »Warum sollten wir Sie verraten? Sie sind jetzt doch nicht mehr im Gefängnis. Haben Sie Angst, der Sheriff könnte Ihnen das Gold wegnehmen oder so was?«

Pedro lachte rau. »Warum solltet ihr ...«

Garcia stieß seinen Freund in die Rippen und Pedro fuhr fort: »Ja, natürlich, du hast recht. Der Sheriff würde uns das meiste wegnehmen und der Regierung geben. Aber wir wollen alles davon behalten.«

Die Jungen sahen sich an und fragten sich im Stillen, was Pedro hatte sagen wollen.

Das Rattengesicht zündete eine Pechfackel an und steckte sie in einen Spalt zwischen den Felsen. Sie tauchte die ganze Felskammer in ein helles Licht. Der klare unterirdische Bach glänzte wie Kristall. Über einem Felsbrocken, der aus dem Wasser ragte, hing ein braunes Fell. Ricky fragte sich, ob wohl ein Kaninchen oder irgendein anderes kleines Tier in dieser Höhle gestorben war.

Die Männer, die nun eifrig mit ihrer Karte beschäftigt waren, hatten den Jungen den Rücken zugekehrt. Aber Garcia hatte den einzigen Ausgang aus der Höhle im Auge und so war es sinnlos, an eine Flucht zu denken.

Pedro nahm einen rußgeschwärzten Kaffeetopf aus Metall und ging damit hinunter zum Bach, um ihn zu füllen. Er stolperte über die Felsen, sodass Ricky annahm, er sei noch nie in diesem Teil der Höhle gewesen.

»Mr Garcia …«, begann Ricky zögernd.

Manny Garcia beachtete ihn nicht. Pedro setzte den Kaffeetopf auf einen Spirituskocher und Ricky beobachtete, wie das Wasser zu brodeln begann. Bald füllte der

Geruch von Kaffee die Höhle. Die drei Männer setzten sich auf den felsigen Boden um die Karte und den Kaffeetopf herum.

Der große Mann schüttelte den Kopf und murmelte leise etwas. Garcia wurde ärgerlich und sprang auf. Dabei stieß er seine Kaffeetasse um und diese rollte klirrend über den felsigen Boden.

»Aber ich sage euch, das ist die richtige Höhle!«, brüllte er.

»Und wo ist dann das Gold?«, fuhr ihn der große Mann an.

Garcia sah ihn böse an. »Wenn ich das wüsste, dann würde ich meine Zeit nicht damit vergeuden, mich mit dir zu unterhalten. Ich weiß es nicht, Roberto – vielleicht habe ich schon längst einen Fehler gemacht – indem ich dich mitgenommen habe.«

Roberto fummelte an seiner Pistole herum, die er an der rechten Hüfte trug. Seine dünnen Lippen verzogen sich zu einer hasserfüllten Grimasse. »Aber ich bin nun einmal mitgekommen«, sagte er langsam. »Und versuch ja nicht, mich jetzt loszuwerden.«

Ricky sah die Furcht in Davids Augen.

»Es tut mir leid«, flüsterte Ricky. »Ich konnte nicht wissen, dass wir in einen solchen Schlamassel geraten würden.«

David blickte ihn an. »Nun, du hast mir ja gesagt, ich könne bei Maggie bleiben. Hast du denn keine Angst?«

»Aber natürlich habe ich Angst! Jeder fürchtet sich mal. Aber ich weiß bestimmt, dass Gott uns hier sicher rausbringen wird.«

David blickte zu Boden. »Ich wünschte nur, ich wüsste das auch so sicher.«

»Das kannst du«, sagte Ricky ruhig. »Hier und jetzt kannst du sicher sein.«

»Weißt du, Rick, es ist seltsam. Du und ich, wir sind beide in christlichen Elternhäusern aufgewachsen. Und doch sind wir so verschieden wie Tag und Nacht!«

»Und weißt du, warum, David?«

David biss sich auf die Unterlippe. »Nun, irgendwie weiß ich das schon, glaube ich. Aber wir glauben doch beide an Jesus. Wir glauben doch beide, dass er für uns gestorben und auferstanden ist. Wo ist denn der Unterschied zwischen uns?«

»Du glaubst es mit deinem Kopf, David, wie du glaubst, dass Kolumbus Amerika entdeckt hat. Ich glaube es mit meinem Herzen.« Ricky schob seinen Hut in den Nacken. »Wenn du an Jesus nur mit deinem Kopf glaubst, dann nützt dir das nicht viel. Aber wenn du mit deinem Herzen an ihn glaubst, dann verändert sich für dich alles.«

David schluckte ein paar Mal, und er konnte nicht antworten. Wieder einmal musste Ricky daran denken, wie wichtig es war, dass David Christus in seinem Leben sehen konnte. Es war wichtiger, als dass Stormy wieder sehen könnte.

Außer dem Rauschen des Wassers und dem Klirren der Kaffeetassen auf dem felsigen Boden war nun alles still in der Höhle.

»Wollen Sie uns nicht doch gehen lassen?«, fragte Ricky endlich.

»Wir versprechen Ihnen auch, Sie nicht zu stören.«

Garcia sah ihn ungeduldig an. »Bleib gefälligst, wo du bist.«

»Mr Garcia, wissen Sie, dass ein schwarzer Berglöwe die Gegend unsicher macht?«

»Ja, ja, weiß ich.« Garcia sah nicht von der vergilbten Karte auf.

»Mein Pferd ist blind und ab Montag wird es tagsüber auf die freie Weide hinausgelassen werden.« Ricky redete jetzt schnell. »Es könnte doch nicht sehen, wenn der Puma ...«

»Zu schade, dass er den Grauen Star hat!«, rief Garcia und das Echo tönte von allen Seiten. »Aber ich kann dir nicht helfen. Du warst verrückt hierherzukommen.«

Die Männer hatten den Jungen wieder den Rücken

zugekehrt und wühlten jetzt in einer engen Spalte in einer der Wände. Offenbar hatte schon vorher jemand darin herumgewühlt, denn kleine Steine und loser Schmutz lagen davor auf dem Boden. Bald drehten sich die Männer wieder um. Ihre Gesichter spiegelten Hoffnungslosigkeit und Ärger wider.

»Es hat keinen Zweck«, knurrte Pedro. Dann spuckte er einige spanische Sätze aus.

Roberto hatte sich in einiger Entfernung von den anderen Männern hingehockt. Seine kleinen Augen glitzerten im Licht der Fackel. »Ihr wollt mich reinlegen! Ihr wartet doch nur darauf, dass ich aufgebe und euch allein lasse, damit ihr beide das Gold unter euch teilen könnt.«

»Sei doch kein Idiot«, murmelte Garcia. »Ein Blinder mit Krückstock kann sehen, dass das Gold hier irgendwo verborgen war. Sieh dir doch die Karte mal an.«

»Jetzt sag mal«, bat Pedro. »Worin war das Gold eingepackt?«

»Ich habe es dir schon hundertmal gesagt, du trübe Tasse. Es war in zwei Felltaschen eingepackt!« Er streckte seine Hände aus. »Ungefähr so groß.«

Rickys Augen wanderten zu dem braunen Fell im Bach hinüber. Garcia folgte seinem Blick. »Was siehst du da?«, fragte er herrisch.

»Oh – ach – ich weiß nicht.« Ricky zog die Augenbrauen hoch und breitete beide Hände aus.

»Nur ein – ein Ding unten am Wasser. Ich glaube es ist ein Kaninchenfell oder so was.«

Die Männer rannten zum Bach hinunter. Roberto kam als Erster an. Mit verzerrtem Gesicht hielt er zwei alte Felltaschen hoch. Offensichtlich hatten schon vor langer Zeit wilde Tiere die Taschen mit dem wertvollen Goldstaub aus ihrem Versteck herausgerissen. Die Seiten der Ledertaschen hingen in Fetzen. Die Tiere mussten die Taschen mit zum Wasser geschleppt haben, als sie trinken wollten. Der Goldstaub war herausgelaufen und fortgeschwemmt worden. Manny Garcias Traum war zerstört.

Pedro sah aus, als wolle er jeden Augenblick in Tränen ausbrechen.

Garcia nahm die Taschen in die Hände und wühlte in ihnen herum, um sich zu vergewissern, dass das Gold wirklich fort war. Dann ließ er sie auf den Boden fallen. »Alles weg«, murmelte er. »Wir haben unsere ganze Hoffnung auf das Gold gesetzt – und es ist ... weg!«

Roberto war wütend. Seine Augen brannten und seine Lippen hatten sich zu einem grausamen Grinsen verzogen. »Das haben wir nur dir zu verdanken!«, brüllte er bitter. »Du bist ein großer Mann, nicht wahr, Garcia?

Hast uns alle in einen Traum geführt. In einen großen leeren Traum.«

Plötzlich riss der Mann seine Pistole aus dem Lederhalfter und richtete sie auf Garcia. Ricky sprang mit einem Satz auf Manny Garcia zu und warf ihn um. Da dröhnte ein Schuss durch die Höhle.

STORMY HAT EINEN UNFALL

Der Mann und der Junge lagen auf dem Boden. Als Roberto sah, dass er Manny Garcia verfehlt hatte, lief er mit großen Sätzen durch die niedrige Öffnung der Höhle und in den Tunnel hinein.

Ricky rappelte sich wieder auf. Erst jetzt wurde ihm bewusst, was er getan hatte.

David stand immer noch mit dem Rücken an die Wand gelehnt. Seine ängstlichen Augen trafen die von Ricky. Er fragte sich, was nun wohl geschehen würde.

Pedro sprang zum Tunnel hin und schoss Roberto nach. Die Höhle bebte; von den Wänden und der Decke kamen Steine herunter.

Garcia richtete sich auf. Sein hartes Gesicht war von Furcht verzerrt. »Pedro, nein! Nein, Pedro, schieß nicht hier drinnen!«

Es war zu spät. Lehmbrocken fielen zu Boden; große Steine lösten sich und rollten durch die Höhle – als ob ein Riese die ganze Grotte in seiner Faust schüttelte.

Nachdem sich das Getöse gelegt hatte, rannten die vier Menschen, die noch in der Höhle waren, zum Tunneleingang. Aber er war durch Tonnen von Lehm und Felsen zugeschüttet.

»W-was m-machen wir denn jetzt?« Davids Zähne klapperten vor Furcht.

Garcia hatte sich wieder gefasst. »Hier oben gibt es noch eine kleine Öffnung. Siehst du? Da, wo das Licht durchkommt.«

»Und was ist mit Roberto passiert?«, flüsterte Pedro.

»Er ist wahrscheinlich noch rausgekommen, bevor die Höhle eingestürzt ist. Um ihn brauchen wir uns keine Sorgen zu machen.« Garcia wandte sich um. »Unser Problem sind die Jungen. Ich wollte euch nicht freilassen. Aber jetzt gibt es ja kein Gold. Also könnt ihr auch nichts verraten.« Er starrte Ricky an. Ricky musste ein paar Mal schlucken, dann fragte er: »Wie kommt es, dass Sie sich so ängstlich verstecken? Sie könnten doch jetzt die Höhle verlassen, oder?«

Garcia runzelte die Stirn. »Du hast ja keine Ahnung, Junge.« Er setzte sich auf den Boden und seine Hände hingen schlaff zwischen seinen Knien. Dann sah er Pedro an. »Hier haben wir doch Lebensmittel und Wasser. Ich sehe eigentlich nicht ein, warum wir die Höhle sofort verlassen müssen.« Er schnippte mit den Fingern. »Der Eingang zu diesem Raum ist doch jetzt verschlossen und nur wir kennen die kleine Öffnung da draußen. Da sind wir doch hier sicherer als je zuvor.«

Pedro machte einen Schritt vorwärts. »Wir könnten

doch den Jungen die Augen verbinden, sie durch die schmale Öffnung ins Freie bringen und über den Fluss verfrachten. Dann haben wir sie zwar freigelassen, aber sie können uns nicht mehr finden.«

»Endlich gebrauchst du mal deinen Kopf, Pedro!«, rief Garcia. »Das ist genau die Antwort auf unser Problem. Schließlich«, fuhr er fort und dabei sah er Ricky an, »hast du mir das Leben gerettet! Ich schätze, ich könnte kaum jemanden sterben lassen, der mir gerade das Leben gerettet hat.«

Während Garcia diese Worte sagte, schien ihm diese Tatsache zum ersten Mal wirklich bewusst zu werden. Vorher war er zu ärgerlich über Roberto gewesen und zu erschrocken über das Einbrechen der Höhle. Nun war er zur Ruhe gekommen und damit kam die Erkenntnis, dass dieser Junge ihn vor Robertos Kugel geschützt hatte.

Garcia wühlte langsam den Kaffeetopf aus dem Lehm heraus.

Dann schickte er Pedro zum Bach, um den Topf zu säubern und frischen Kaffee zu machen.

»Sag mal, Junge«, sagte Garcia nach einer Weile, »warum hast du mir bloß das Leben gerettet?«

Ricky sah ihn überrascht an. »Nun, ich hatte keine Zeit darüber nachzudenken, warum ich das tat. Ich sah nur, wie Roberto seine Pistole zog und wusste, dass er Ihnen in den Rücken schießen wollte. Ich hab Sie einfach zu Boden geworfen, das ist alles.«

Garcia lachte und diesmal folgte kein Echo. »Weißt du was? Mein Vater hat mich immer nur verprügelt. Und im Gefängnis war ich nichts weiter als eine Zahl auf einem Hemd. Selbst meine Pflegeeltern haben mich nie geliebt. Niemand hat mich je geliebt. Wie kommt es also, dass du so einfach daherkommst und mir das Leben rettest?«

Rickys Herz schlug wie wild. »Weil – nun – Sie haben Unrecht, Mr Garcia. Jemand hat Sie geliebt. Gott hat sie geliebt.«

»Ha!«, rief Garcia. »Und was bin ich ihm wohl wert?«

»Sie sind ihm so viel wert wie das Blut seines eigenen Sohnes, Mr Garcia. Er hat Jesus an Ihrer Stelle sterben lassen.«

Ricky konnte nur das ständige Tropfen des Wassers hören. Dann hörte er, wie der Mexikaner ein Lachen herauspresste. »Mr Garcia! Er nannte mich ›Mr Garcia‹, Pedro! Wie findest du das?«

Pedro antwortete: »Bedeutet das denn wirklich so viel, dass du ›Mister‹ genannt wirst? Ich kann mich noch gut an die Zeit erinnern, als dich alle ...«

»Halts Maul!« Garcia wirbelte herum, um seinen Kameraden anzusehen. Sein Gesicht war vor Zorn rot angelaufen. »Sag das nicht noch einmal. Niemand ...«

Garcia sah plötzlich alt und traurig aus. »Niemand wird das je wieder sagen.«

Rickys verwirrte Augen trafen die Davids; keiner der Jungen sprach ein Wort.

Garcia hatte sich inzwischen wieder beruhigt. Er nahm sein zerknittertes Halstuch und band es über Rickys Augen.

»Der Kaffee, Mann!«, protestierte Pedro.

»Der kann warten!«, sagte Garcia und blickte auf das sprudelnde Wasser. »Habt ihr Pferde da draußen? Ihr habt doch noch einen ganz schönen Weg vor euch.«

»Ja.« Ricky wollte noch mehr sagen, durfte aber Maggie nicht verraten.

In der Zwischenzeit hatte Pedro auch David eine Binde umgelegt. Die beiden Männer führten die Jungen die Felsen hinauf und hoben sie durch die schmale Öffnung.

Garcia ächzte. »Warte du hier, Pedro – ich werd schon allein mit den Jungen fertig.«

Pedro sah ihm in die Augen. »Vergiss nur nicht zurückzukommen.«

»Ich renn schon nicht weg wie Roberto!«, rief Garcia. »Ich hoffe nur, dass wir ihn noch erwischen, bevor die Nacht um ist.«

Die harten kalten Hände des Mexikaners führten die Jungen zu dem reißenden Bergfluss. Dort hielt er an. »Du wartest hier, Ricky. Ich bring erst mal deinen Freund hinüber.«

Ricky hätte sich furchtbar gern die Binde von den Augen gerissen, aber er ließ es sein. Er durfte Garcia nicht unnötig verärgern.

Ricky konnte nur schwer seine Balance halten, als er über den Fluss geführt wurde. Genauso musste Stormy sich nun die ganze Zeit fühlen – er tastete sich ja jetzt ständig verwirrt und ängstlich durch die Dunkelheit.

Garcia nahm den beiden Jungen die Binden ab und wandte sich um, um zu Pedro zurückzugehen. Er sah die drei Pferde und Maggie unter dem Baum. Maggie sah ihn zur gleichen Zeit.

Ricky blickte ängstlich zu Garcia hinüber. Dessen dunkle Augen hingen verlangend an den Pferden. Aber bald darauf hatte er den Fluss überquert und war in den tiefen Schatten verschwunden. Ricky, der ihn beobachtete, hatte das Gefühl, als sähen alle Hügel auf der anderen Seite des Flusses gleich aus. Er sah hohe Tannen, winzige rote und violette Blumen und Felsen – mehr als er zählen konnte. Er sah ein, dass nun niemand mehr erkennen konnte, dass irgendwo da oben immer noch eine Öffnung zur Blauen-Korallen-Höhle führte.

Das Trio machte sich auf den Weg zur Ranch zurück.

Unterwegs erzählte Ricky Margret alles, was passiert war.

»Ich habe gehört, wie die Höhle eingestürzt ist«, sagte sie, »und ich habe schreckliche Angst gehabt. Dann sah ich einige Minuten später einen großen dünnen Mann, der aus der Höhle herauskam und den Fluss überquerte. Ich dachte, er würde mich und die Pferde bestimmt sehen. Aber er hat uns nicht gesehen. Ich glaube, es war wirklich des Herrn Wille, dass wir hierhergekommen sind, oder?«

Ricky trieb Skipper schneller vorwärts. Er wollte vor Einbruch der Dunkelheit nach Hause kommen. Im Übrigen wollte er in diesem Augenblick nicht gern Maggies Frage beantworten. Denn, wenn er es recht überlegte, was hatte sein Besuch bei Manny Garcia denn gebracht? Natürlich hatte er Garcia das Leben gerettet. Aber Stormy war immer noch blind.

David drängte sein Pferd näher an Skipper heran. »Sag mal, Ricky, woher wusste Garcia, dass Stormy den Grauen Star hat?«

»Nun, ich nehme an, ich habe es ihm gesagt.«

»Nein, hast du eben nicht«, widersprach David. »Du hast nur gesagt, Stormy wäre blind. Es war Garcia, der den Grauen Star erwähnte!«

Ricky versuchte, sich an die Unterhaltung zu erinnern. »Ja, du hast recht, David. Ich sagte, Stormy könnte nicht mehr sehen und dann brüllte Garcia: ›Zu schade, dass er den Grauen Star hat!‹«

»Wie konnte er denn wissen, was Stormy fehlt, wenn er nicht ganz nah bei dem Tier gewesen war?«

Ricky leitete Skipper vorsichtig den felsigen Weg hinunter, der zur Ranch führte. »Ich glaube nicht, dass er jemals auf unserer Koppel war. Es sei denn ...« Seine Augen wurden auf einmal groß. »Es sei denn, er war derjenige, der Comanche gestohlen hat.«

»Ja, natürlich!«, sagte Maggie aufgeregt. »Er musste bestimmt nach Oracle, um Lebensmittel und andere Dinge zu holen – wo er doch in der Höhle lebt. Er muss Comanche mitgenommen haben!«

»Hat er nicht auch gesagt, wir hätten einen langen Heimweg?«, fuhr Ricky nachdenklich fort. »Wie konnte er das wissen, wenn er nicht schon mal selbst den Weg gemacht hat? Er muss Comanche mitgenommen und dann wieder laufen lassen haben.«

Gerade bei Sonnenuntergang kamen die drei zu Hause an. Die letzten Sonnenstrahlen tauchten die Bergspitzen in ein purpurnes Licht.

Ricky erzählte seiner Mutter und seinem Vater die ganze Geschichte. Mr Carlson lauschte mit zusammengezogenen Brauen.

»Ihr Kinder hättet in eine noch viel schlimmere Lage

geraten können!«, sagte Mr Carlson vorwurfsvoll. »Aber ihr habt wenigstens nicht Maggie mit in die Höhle genommen. Und ihr habt das Geheimnis um Comanche gelöst.« Er ging durchs Wohnzimmer, um ein neues Pinienscheit ins Feuer zu werfen. »So, und jetzt möchte ich, dass ihr mir versprecht, nie wieder zu dieser Höhle zu gehen.«

»Das versprechen wir dir, Vati!«, sagte Ricky ruhig. Er stocherte im Kamin herum und beobachtete die Funken, die durch den Schornstein ins Freie flogen. Nein, nie wieder würden sie in die Blaue-Korallen-Höhle gehen. Irgendwie hatte er das gleiche Gefühl wie Maggie – auf eine geheimnisvolle Art war trotz allem Gottes Hand zu spüren gewesen in dem, was an diesem Tag geschehen war.

Am frühen Montagmorgen brachte Ricky Stormy in das kleine Tal in der Nähe der Koppel. Sein Herz war schwer, als er sein Pferd mit einem Apfel fütterte. Stormy hatte an Gewicht verloren und sein Temperament ließ immer mehr nach. Er bewegte sich nur noch langsam vorwärts. Manchmal stolperte er über Felsbrocken, die er nicht mehr sehen konnte, und manchmal blieb er stehen, um an einem kleinen Busch herumzuschnuppern. Aber er schien an allem kein rechtes Interesse mehr zu haben.

Während der ganzen Woche beobachtete Ricky Stormy mit ängstlichen Augen. Wenn es regnete, stand Stormy in der Nähe des Stacheldrahtzauns und ließ den Kopf hängen. Das Pferd war nur glücklich, wenn es Rickys Stiefel auf dem Weg hörte. Abends ritt Ricky dann mit ihm zurück zum Paddock, in dem er die Nacht über blieb. Stormy schien zu verstehen, warum Ricky nur dann mit ihm ausritt.

Durch neue Regenfälle war die Straße so ausgewaschen worden, dass nicht einmal ein Jeep die Straße benutzen konnte. Deshalb konnten Ricky, David und Maggie auch nicht zur Schule gehen. Dennoch verbrachten sie jeden Tag einige Stunden damit, ihre Schulaufgaben zu machen und zu lernen. Ricky betete immer wieder, dass Gott doch ein Wunder für Stormy schicken möchte. Aber das Wunder ließ lange auf sich warten. An einem Freitagmorgen geschah dann etwas.

Es hatte während der ganzen Nacht geregnet. David war zum Hühnerstall gegangen, um die Hühner zu füttern, während Ricky noch am Frühstückstisch saß. Einige Minuten später kam David in die Küche gerannt. Sein Gesicht war schneeweiß und seine Augen brannten.

»Rick, komm schnell! Schnell! Stormy hat sich im Stacheldrahtzaun verfangen!«

DER TOD KOMMT ZUR CARLSON-RANCH

Ricky rannte sofort zur Tür hinaus. Er bemerkte gar nicht, dass seine Eltern und Maggie ihm auf den Fersen folgten. Er wusste nicht, wie er vom Haus zu der mit Stacheldraht umzäunten Weide gekommen war oder wie er über diesen Zaun gelangt war. Er wusste nur, dass Stormy verletzt war und ihn brauchte.

Ricky blieb stehen. Stormy lag auf der Erde und versuchte, sich aus dem Draht zu befreien, der sich immer enger um ihn schloss. Die langen Stacheln hatten sich tief in sein Fleisch eingegraben und sein schöner Körper war blutüberströmt.

»Stormy! Stormy! O mein Junge, mein lieber Freund!«

Ricky ließ sich neben Stormy auf den Boden fallen. Seine Stimme und seine Hände ließen Stormy den Schmerz und die Angst vergessen.

Nachdem Rickys Vater den Stacheldraht abgeschnitten hatte, stand Stormy langsam auf. Er drängte seinen Kopf gegen Rickys Brust. Ricky schlang die Arme um seinen Hals und sprach leise und beruhigend auf ihn ein. Stormys antwortendes Wiehern war voller Furcht – Furcht vor seiner dunklen Welt.

Ricky hörte die Stimme seines Vaters. »Ich nehme an, als Stormy in den Stacheldraht gelaufen ist, da hat er Angst bekommen. So hat er in seiner Furcht den Zaunpfahl ausgerissen und sich immer mehr in dem Draht verfangen.«

Ricky sagte nichts. Er war viel zu verzweifelt. Er wusste, was sein Vater dachte.

Als er Stormy in einer sauberen Box untergebracht hatte, lag es immer noch zentnerschwer auf Rickys Seele. Als sein Vater am späten Nachmittag in den Stall kam, war Ricky bereit.

»Ricky.« Mr Carlson räusperte sich mehrmals. »Ich sehe, du hast Stormys Wunden gut behandelt.«

Ricky sah zu Stormy hinüber. Er sah die tiefen Schnitte, die sich über seinen ganzen Körper hinzogen. Hier und dort bluteten sie immer noch.

»Ja, Vati.«

»Mein Junge ... Es tut mir leid, aber ich muss es dir sagen. Du weißt doch, dass es nicht fair wäre, Stormy noch länger leiden zu lassen.« Er legte seine große Hand auf Stormys Nüstern. »Er ist verloren, Ricky. Er kann ohne seine Augen nicht leben. Er würde sich später nur noch schlimmer verletzen.«

Ricky spürte, wie ihm die Tränen in die Augen stiegen und sein Mund ganz trocken wurde. Er legte sein Gesicht an Stormys Hals und ließ seinen Tränen freien Lauf. Stormy war sein bester Freund. Er war dabei gewesen, als Stormy geboren worden war. Er hatte das magere Fohlen gesehen, das kaum in der Lage gewesen war, auf seinen Streichholzbeinen zu stehen. Er hatte ihn liebevoll gepflegt und beobachtet, wie er aufwuchs.

Er musste daran denken, wie sein Fohlen auf der Weide hin- und hergerannt war, wie es die tollsten Luftsprünge vollführt hatte und seine Mähne dabei geschüttelt hatte. Er erinnerte sich an den Tag, an dem er ihm zum ersten Mal das Zaumzeug über den weißen Kopf gestreift hatte. Er erinnerte sich an das erste Mal, an dem er auf seinem schwarzen Flecken gesessen hatte – an dem Tag, an dem Mr Carlson ihn eingeritten hatte.

Ricky sah auf und bemerkte, dass sein Vater ihn allein gelassen hatte.

Warum muss das passieren? Er hatte doch so oft gebetet. Warum sollte er jetzt sein Pferd verlieren?

Ricky blickte tief in Stormys milchige Augen. Vielleicht hatte er sich zu viele Sorgen um Stormy gemacht. Vielleicht hatte er gerungen und sich den Kopf zerbrochen und sich angestrengt, um Stormy zu helfen – während doch Gott von ihm nur verlangte, ihm zu vertrauen.

»Ich habe es versucht«, flüsterte Ricky. »Ich habe

versucht, dir zu vertrauen, aber ich hatte immer das Gefühl, ich müsse dabei auch etwas tun!«

Den ganzen Nachmittag lang blieb Ricky im Stall. Stormys Wunden bluteten nun nicht mehr, aber sein ganzer Körper war mit dunklen Krusten überzogen. Stormy schien glücklich zu sein, Ricky mit seinen Nüstern berühren zu können und zu fühlen, dass er da war.

»Ricky?«

Ricky wandte sich nicht um. Er wünschte, David wäre nicht gerade jetzt gekommen.

»Onkel Paul hat eben erfahren, wer den Besitzer des Kaufhauses zusammengeschlagen und ihn beide Male beraubt hat.«

»So?«, fragte Ricky ohne Interesse.

»Es war Manny Garcia. Das erste Mal hat er den Laden beraubt, nachdem wir ihn in jener Nacht auf der Ranch gesehen hatten. Er war damals auf dem Wege zur Blauen-Korallen-Höhle. Und dann hat er das Geschäft beraubt, als er Comanche genommen hatte, weißt du noch?«

Ricky nickte. Das war auch die Erklärung für die neue Pechfackel, die er in der Höhle gesehen hatte.

»Von wem hat Vati das denn gehört?«

»Die Telefonleitungen sind wieder repariert worden und als Onkel Paul telefonierte, um sich nach Hank Porter zu erkundigen, hat Hank ihm das von Garcia erzählt. Wir wissen also jetzt, wo der Mann ist, und wir wissen es doch wieder nicht.« David seufzte. »Aber wir wissen wenigstens, warum er sich versteckt.« Er wandte sich um, um den Stall zu verlassen. Dann zögerte er. »Und weißt du auch, wie sie in Oracle herausgefunden haben, dass Garcia der Dieb war?«

»Nee«, sagte Ricky und wünschte, David würde doch endlich gehen.

»Roberto reiste per Anhalter nach Tucson. Unterwegs versuchte er den Fahrer des Wagens auszurauben. Aber er musste feststellen, dass der ein Hilfssheriff war. Der hat ihn kurzerhand festgenommen und dann hat Roberto alles über Garcia verraten. Jetzt durchstreifen der Sheriff und seine Leute das ganze Land, um Garcia zu suchen.«

»Ich kann mir nicht vorstellen, wie sie das schaffen wollen.«

»Wir wollen nur hoffen, dass sie auf ihrer Suche auch auf unseren Puma stoßen!«

Ricky blieb bei Stormy im Stall, als die anderen an diesem Abend aßen. Es versuchte auch niemand, ihn zum Abendessen zu holen.

Die Tage wurden nun länger und es war schon nach halb sieben, als es dunkel wurde. Während die Sonne hinter den Bergen versank, kam ein leichter Wind auf.

Ricky wünschte verzweifelt, er könne die Sonne mit dem Lasso einfangen und sie wieder hoch an den Himmel ziehen. Denn je tiefer sie sank, desto weniger Zeit blieb Stormy.

Er wurde müde und schwach vom Herumstehen, aber er wollte Stormy nicht verlassen. Er streichelte seinen Rücken, seine Beine, seine Nüstern, seine Mähne. Er sprach leise und liebevoll mit ihm. Und Stormy wieherte leise, als wüsste er, was auf ihn zukam. Wenn Ricky auch nur einen Fußbreit von ihm wegrückte, dann suchten die samtweichen Nüstern sogleich nach ihm und zogen ihn wieder heran.

Einige Minuten nach Sonnenuntergang kam Mr Carlson in den Stall. Ricky legte seine Arme fest um Stormys Nacken und schluckte schwer. Stormy zitterte und hob den Kopf.

»Ricky, du solltest eigentlich wissen, dass es keinen anderen Weg gibt.«

»Ich weiß, Vati.« Ricky konnte kaum seine eigene Stimme hören.

»Eins habe ich dir noch nicht gesagt – ich wusste, dass du deine ganzen Hoffnungen auf Doktor Meadows gesetzt hattest. Aber, weißt du, selbst wenn er den Weg hier herauf schaffen würde, könnte er Stormy doch nicht helfen. Vor über einem Monat hat er einen Schlaganfall erlitten. Er wird wahrscheinlich nie mehr zu unserer Ranch kommen können.«

Ricky nickte.

»Es würde ein Vermögen kosten, einen anderen Tierarzt hierherzuholen, um Stormy zu operieren. Wir haben aber nicht so viel Geld.«

Ricky schloss die Augen. »Bitte, Vati, hör auf! Ich weiß das doch.«

Mr Carlson nahm Stormys Zügel und führte ihn aus dem Stall heraus. Stormy wieherte ängstlich.

Ricky sah, wie sein Vater Stormy auf die Weide führte, auf der er sich erst heute Morgen verletzt hatte. Mr Carlson hatte das Winchestergewehr in seiner rechten Hand.

Ricky wanderte zum Vorratshaus hinüber. Dort hing Stormys Zaumzeug an der Wand; Ricky berührte es liebevoll. Als er sich umwandte, sah er, dass Maggie und seine Mutter traurig an der Küchentür standen. Auch sie warteten auf den Schuss.

Ricky warf sich auf ein Bündel Heu, bedeckte seine Ohren mit den Händen und schluchzte.

Wen liebst du mehr, Ricky? Mich – oder Stormy? Die Stimme war leise und freundlich.

Ricky hob den Kopf. Seine dunklen Augen waren groß und ernst. *Ja, wen liebe ich denn tatsächlich mehr? Jesus, der für mich gestorben ist und der mir eine ewige Wohnung im Himmel geschenkt hat? Jesus, der mich immer begleitet hat, der immer für mich gesorgt hat, der mich stets geliebt hat? – Oder Stormy?*

Und was ist wichtiger? Mein Pferd zu behalten oder Stormy aufzugeben und diese Prüfung zu bestehen? Dadurch könnte ich doch beweisen, dass Jesus mir helfen kann und dass er mir die Kraft schenken kann, Stormys Tod zu überwinden. Wenn ich diese Prüfung bestehe, dann wird David vielleicht ein für alle Mal erkennen, dass Christsein bedeutet: Jemanden haben, der einen festhält und einem hilft, wenn mal schwierige Probleme kommen.

Ricky wurde plötzlich ganz ruhig. Seine Lippen bewegten sich langsam. »Herr Jesus, du hast mich so sehr geliebt, dass du für meine Sünden gestorben bist! Du bist immer mein allerbester Freund gewesen. Ich wünsche von ganzem Herzen, dass auch David dir sein Herz schenkt! Das ist mir noch wichtiger als Stormys Leben.« Ricky schluckte ein paar Mal. »Du – du kannst mein Pferd haben, lieber Herr.«

Sein Herz war nun von einem unerklärlichen, ganz neuen Frieden erfüllt. Der Schmerz war nicht verschwunden und er würde wohl nie ganz verschwinden. Aber Stormy war ja in Gottes Hand und Ricky war sicher, dass alles in Ordnung gehen würde.

Als Ricky aufblickte, sah er, dass David an seiner Seite stand. Er ließ den Kopf hängen und hatte seine Hände tief in den Taschen seiner Nietenhose vergraben. Dann ging er nervös auf eine Wand zu und durchsuchte einen der Schränke.

»Dein – äh – Onkel Paul, er – er hat festgestellt, dass keine Patronen in der Winchester waren. Er – er hat gesagt hier müssten welche drin sein.«

Da hörten die Jungen einen Gewehrschuss. David machte vor Schreck einen Riesensatz.

Ricky stand wie erstarrt da. Sein Vater hatte wohl doch noch eine Patrone gehabt.

EIN WUNDER GESCHIEHT

Ricky konnte sich nicht bewegen. Seine Augen brannten und er hatte Magenschmerzen. Er konnte kaum schlucken.

»Es – es tut mir schrecklich leid, Rick«, flüsterte David. »Aber ich schätze, das hilft dir im Augenblick wohl kaum.«

Ricky starrte David an, ohne ihn zu sehen. David wandte sich um, um hinauszugehen.

Zimt wieherte in einer der Boxen nahe des Vorratsraumes. Nun gehörte sie Ricky, wenn er sie haben wollte.

»Ricky!« Davids Schrei klang ganz aus der Nähe. Seine Worte zeigten, wie aufgeregt er war. »Es war nicht Stormy! Es war der Puma! Manny Garcia hat den Puma erschossen!«

Es war nicht Stormy!

Dies waren die einzigen Worte, die Ricky hörte. Er rannte den ausgetretenen Pfad vom Paddock zur Weide hinunter. Er sah nicht einmal Manny Garcia, der dort neben seinem Vater stand. Er sah nur Stormy – nicht tot, sondern lebendig.

Ricky sprang über den Stacheldrahtzaun und lief so schnell er konnte auf sein Pferd zu. Er vergaß ganz, dass sein Vater Stormy vielleicht immer noch erschießen musste.

Als Stormy die Schritte seines Herrn vernahm, trottete er ihm langsam entgegen. Erst in diesem Augenblick sah Ricky den schwarzen bewegungslosen Körper, der auf dem Boden lag. Und dann nahm er seinen Vater und Garcia wahr.

»Mein Junge, du wärst besser nicht gekommen! Nun wird es noch schwerer für dich werden.«

Ricky hörte kaum hin. »Was ist denn passiert?«

»Stormy muss irgendwie gespürt haben, dass ich ihn erschießen wollte«, antwortete Mr Carlson. »Er riss sich los und galoppierte zu der Pappel da drüben. Der Puma sprang plötzlich aus dem Baum heraus, um ihn anzugreifen. Und in diesem Augenblick hat Mr Garcia ihn erschossen.« Mr Carlson wandte sich diesem zu. »Aber den Rest der Geschichte müssen Sie wohl selbst erzählen.«

Manny Garcia seufzte tief. »Ich muss zugeben – ich wartete da drüben auf dem Hügel darauf, dass sich alle auf der Ranch zur Ruhe begeben würden, damit ich mir noch einmal eines Ihrer Pferde ausleihen könnte. Wir haben nämlich keine Lebensmittel mehr, wissen Sie.« Er legte seine Hand auf Stormys Nacken. »Und dann habe ich gesehen, wie der Berglöwe angriff, und habe sofort geschossen, um dieses Pferd zu retten.« Er lächelte leicht. »Ich habe gesehen, wie er an jenem Tag in der Schlucht sein Leben riskiert hat, um Ihren Jungen zu retten. Da konnte ich doch nicht untätig dastehen und zusehen, wie ein solches Pferd getötet wurde.«

»Sie hätten ohnehin gesehen, wie er getötet wird«, sagte Mr Carlson leise. »Deshalb bin ich nämlich mit dem Gewehr hier. Stormy ist blind und er hat sich heute am Stacheldrahtzaun schwer verletzt.«

Garcia nahm den Kopf des Pferdes in seine starken Hände und blickte lange in dessen verschleierte Augen. Dann sah er Ricky an. »Ist dies das Pferd, von dem du mir erzählt hast?«

Ricky nickte hoffnungsvoll.

Da sagte sein Vater: »Wir haben gehört, dass Sie etwas von Pferden verstehen, Mr Garcia. Sagen Sie mir doch – wie viel verstehen Sie denn davon?«

Es sah fast so aus, als stünden Tränen in Garcias dunklen Augen. Er streichelte nachdenklich Stormys Kopf. Dann sagte er leise: »Ich war früher einmal Tierarzt.«

»Das ist doch nicht möglich!«, rief David.

»Tierarzt?« Mr Carlson pfiff vor Überraschung durch die Zähne.

»Haben Sie jemals – haben Sie jemals Pferde operiert?«, fragte Ricky.

»O ja. Sehr oft. Weißt du, ich wurde als Kind von einer Familie in Kalifornien adoptiert. Ich wollte wie mein Pflegevater Tierarzt werden. Er hat mich zu einer Schule geschickt und mir dazu alles beigebracht, was er selbst wusste. Ich war ein guter Tierarzt«, sagte Garcia bitter, »bis ich zu trinken anfing. Da wurden meine Hände unsicher und ich begann, das Vertrauen in mich selbst zu verlieren.« Seine Stimme verlor sich traurig.

»Bitte, erzählen Sie doch weiter!«, bettelte Ricky.

Der Mexikaner blickte Stormy wieder an. »Ich lebte auf einer Ranch in Kalifornien. Auch ich hatte ein Pferd, so schön und stark wie Stormy. Dieses Tier liebte ich mehr als mein eigenes Leben.« Es dauerte einen Moment, bevor er weitersprechen konnte.

»Es kam so weit, dass ich immer betrunken war«, sagte Garcia. »Meine Praxis lief immer schlechter und so trank ich noch mehr. Und dann wurde eines Tages mein Pferd, das Apache hieß, krank. Ich wusste, dass es nur durch eine Operation gerettet werden konnte. Ich hatte viel zu viel getrunken, um noch zu operieren, aber ich hab es trotzdem getan. Und – ich habe Apache getötet.«

Ricky fasste Stormys Zügel fester. »Ist das der Grund, warum sie jetzt keine Pferde mehr behandeln?«

Garcia nickte. »Seit jener Nacht habe ich nie wieder einen Tropfen Whisky angerührt, aber es war zu spät.

Ich gab meine Praxis auf, mein Leben war zerstört. Ich bin nun schon zwei Mal im Gefängnis gewesen, und man sucht mich schon wieder. Es spielt jetzt keine große Rolle mehr, was ich tu.«

Das war es also, was Pedro an jenem Tag in der Höhle hatte sagen wollen. Er wollte Garcia ›Doktor Garcia‹ nennen.

»Aber – aber sie hätten sich doch nicht selbst dadurch verraten brauchen, dass sie den Puma erschossen«, warf Ricky ein.

»Du hast mir doch das Leben gerettet, nicht wahr?« Er seufzte. »Und im Übrigen liebe ich Pferde immer noch.«

Mr Carlson räusperte sich. »Mr Garcia, wären Sie bereit, Stormys Augen zu operieren?«

Garcia leckte sich nervös die Lippen. »Ich – ich kann das nicht tun. Ich könnte ja wieder versagen. Und dann habe ich ja auch weder Medizin noch Instrumente.«

»Ist Ihnen klar, dass ich Sie dem Sheriff ausliefern muss?«, fragte Rickys Vater.

Garcia nickte. »Ja. Und es ist fast eine Erleichterung, dass ich mich nun nicht mehr verstecken muss. Aber warum fragen Sie?«

Ricky hatte die Frage seines Vaters verstanden. »Du meinst, wenn du nach Tucson anrufst, um den Sheriff zu benachrichtigen, dann kann der doch bei Doktor Meadows vorbeigehen und seine Instrumente mitbringen.«

»Ja, da hast du recht«, erwiderte sein Vater.

Garcia führte Stormy in den Paddock, um sich seine Augen noch einmal genau anzusehen. »Würdest du mir Stormy denn anvertrauen, Ricky?«, fragte er.

»O ja!«, sagte Ricky. »Sie sind vielleicht die Antwort auf mein Gebet – ein Wunder!«

Mr Carlson rief in Tucson an und sprach mit dem Sheriff. Er lächelte, als er sich vom Telefon abwandte.

»Der Sheriff wird Doktor Meadows' Instrumente mitbringen, Mr Garcia. Er wird heute Abend bis nach Oracle fahren, einige von seinen Leuten dort zusammentrommeln und dann hierher reiten. Übermorgen werden sie hier sein.«

In dieser Nacht lag Ricky lange Zeit wach. Er hoffte und träumte. Er kam zu dem Schluss, dass sein Heiland die ganze Zeit vorgehabt hatte, ihn zu überraschen. Diese Überraschung hatte er sich aufgespart – denn er hatte nur darauf gewartet, dass Ricky ihm seine ganzen Sorgen übergeben würde.

»Ricky? Schläfst du schon?«

»Nein.«

»Kann ich mit dir sprechen?«

»Aber sicher, David.«

»Weißt du, ich – ich habe gehört, was du dort im Vorratsraum gesagt hast – weißt du, bevor ich kam, um die Patronen zu holen.«

»Ich weiß.«

»Warum hast du so gebetet?«

»Weil ich endlich erkannt hatte, dass Stormy mir die ganze Zeit wichtiger gewesen war als Gott. Und für Christen darf einfach nichts wichtiger sein. Er muss an erster Stelle stehen. Und ich ...« Ricky zögerte einen Augenblick, dann sprudelte er die Worte heraus. »Ich wollte, dass du Jesus in meinem Leben siehst. Und ich wollte, dass du ihn auch annimmst. Das war mir wichtiger als alles andere.«

»Weißt du, was, Rick? Ich habe Jesus tatsächlich in deinem Leben gesehen. Ich habe all das gesehen, was Gott hier getan hat. Ich glaube, du hattest recht: In meinem ganzen Leben habe ich immer nur mit meinem Kopf geglaubt.« David fuhr leise fort: »Aber nun möchte ich Jesus kennenlernen – genauso wie du ihn kennst.«

»Damit kannst du jetzt gleich beginnen!«, sagte Ricky. »Du brauchst ihn nur als deinen Heiland anzunehmen – in deinem Herzen.«

Die beiden Jungen knieten an Davids Bett nieder. David bat den Herrn Jesus, in sein Herz zu kommen – und sein Gebet wurde gehört und erhört.

An den nächsten beiden Tagen verbrachte Ricky die meiste Zeit bei seinem Pferd. Er vernachlässigte fast seine Arbeit auf der Ranch und seine Schulaufgaben. Stormy wurde allmählich wieder etwas dicker und lebhafter. Seine Schnittwunden waren von dicken Krusten überzogen. Er war jetzt die ganze Zeit über im Paddock. Manchmal wartete er am Tor auf seinen Herrn und manchmal sprang er herum wie ein junges Fohlen. Er schien zu spüren, dass es wieder Hoffnung für ihn gab.

Am Samstagmorgen kam der Sheriff mit zwei Begleitern auf der Carlson-Ranch an. Er hatte die Instrumente für Garcia mitgebracht.

Ricky blieb nicht im Paddock, als Garcia Stormy operierte. Nur der Sheriff, Mr Carlson und Augustin sahen ihm zu.

Garcia sah müde aus, als er ins Haus kam, um mit Ricky zu sprechen. »Ich glaube, ich habe es geschafft«, sagte er, »aber das kann man erst mit Sicherheit sagen, wenn die Bandagen ab sind. Sorg jetzt dafür, dass er sich ruhig verhält und sich nicht die Bandagen abreißt. Und, Ricky«, fügte er sehnsüchtig hinzu, »du wirst mir doch ins Gefängnis schreiben, damit ich weiß, wie es ihm geht?«

»Oh, das werde ich ganz bestimmt. Und vielen Dank, Herr Doktor Garcia, dass Sie Stormy operiert haben.«

Garcia nickte schweigend und wandte sich ab. Ricky sah zu, wie er mit den Polizeibeamten die Ranch verließ – wieder einmal als Gefangener.

Und nun begann das Warten. Stormy war an eine dunkle Welt gewöhnt, so machten ihm die Bandagen nichts aus. Seine Wunden verheilten und schließlich waren nur noch schmale hellrote Linien zu sehen. Diese Narben würden immer zu sehen sein. Und immer, wenn Ricky diese Narben sah, würde er daran erinnert werden, dass Gott an erster Stelle stehen musste – immer.

Ricky sah, wie sich David veränderte. Stundenlang las er die Briefe seiner Eltern; er brannte jetzt darauf, wieder zu ihnen auf die Philippinen zu gehen. Er hatte jetzt einen lebendigen Heiland und davon wollte er denen erzählen, die vielleicht noch nie von ihm gehört hatten.

Endlich kam der Tag heran, an dem die Binden von Stormys Augen abgenommen werden sollten. David nahm zwei Äpfel aus einer Schüssel. In den einen biss er herzhaft hinein, den anderen warf er Ricky zu.

Als die ganze Familie sich dem Hühnerhof näherte, blieb Maggie überrascht stehen und streckte den Arm aus. Hoppy, die über einem kleinen Loch im Boden gehockt hatte, kam mit eifrigem Gegacker auf ihren verkrüppelten Beinen auf sie zugehüpft. In dem Loch lag ein winziges cremefarbenes Ei.

»Da, seht doch nur!«, rief Maggie aus. »Hoppy hat ihr erstes Ei gelegt!«

Frosty, die eifersüchtig war, dass alle Aufmerksamkeit auf Hoppy lag, flog auf Rickys Schultern und pickte an seinem Apfel herum. Ricky biss ein Stück ab und warf es auf den Boden. Frosty machte sich befriedigt darüber her.

Im Paddock wartete Stormy sehnsüchtig.

Ricky hatte plötzlich den Appetit verloren. Er legte seinen Apfel auf den Rand der Tränke. Dann ging er zur anderen Seite des Paddocks hinüber und sprach beruhigend auf Stormy ein, während sein Vater die Bandagen abnahm.

»Ruhig, ganz ruhig, alter Junge. Es wird alles gut. Gott hat uns ein Wunder geschickt, Stormy. Du wirst wieder sehen – ich weiß es einfach.«

Der Himmel war mit dicken Wolken verhangen. Das war gut für ihr Vorhaben, denn Garcia hatte sie davor gewarnt die Bandagen im hellen Sonnenschein abzunehmen.

Endlich waren die Bandagen ab. Aber zu Rickys Überraschung kam Stormy nicht auf ihn zu. Er machte einige Schritte vorwärts, dann blieb er zögernd stehen. Er hob den Kopf, seine Nüstern bebten, seine Ohren waren gespitzt. Dann ging er langsam auf die Tränke zu.

»Was ist denn mit ihm los?«, murmelte David.

Rickys Augen wurden vor freudiger Aufregung ganz groß. »Ich glaube – ich glaube, vielleicht ...!« Er konnte den Satz nicht zu Ende führen.

Stormy sah sich nach Ricky um und nickte ihm zu. Dann nahm er Rickys Apfel von der Tränke, kam zu Ricky zurück und stieß ihn zärtlich mit der Nase an.

Ricky konnte weder weinen noch sprechen. Er nahm Stormys Kopf in seine Hände und sah ihm tief in die Augen. Sie waren wieder klar und dunkel.

Ricky legte seinen braunen Haarschopf an Stormys seidige weiße Mähne und dankte Gott für das Wunder, das er vollbracht hatte.

Eckart zur Nieden

Der Fürst und der Fährmann

Band 1 der Kinderbuchreihe »Jung und Jünger«

Paperback, 272 Seiten

ISBN 978-3-86699-760-8

Eckart zur Nieden

Nächte an der Grenze

Band 2 der Kinderbuchreihe »Jung und Jünger«

Paperback, 144 Seiten

ISBN 978-3-86699-761-5

Eckart zur Nieden

Das Geheimnis der vierten Burg

Band 3 der Kinderbuchreihe »Jung und Jünger«

Paperback, 416 Seiten

ISBN 978-3-86699-762-2

Craig Massey

Im Land der schwarzen Bären

Band 4 der Kinderbuchreihe »Jung und Jünger«

Paperback, 224 Seiten

ISBN 978-3-86699-763-9

1780: Die englischen Kolonien auf nordamerikanischem Boden stehen mitten in ihrem Unabhängigkeitskampf. Der 17-jährige George bricht trotz der Kriegswirren auf, um nach seinem verschollenen Vater zu suchen. Siedler beschuldigen seinen Vater, er sei zum Feind übergelaufen. Doch George findet auch Freunde: den Waldläufer Ives und die Missionarsfamilie Watson; sie halten noch nicht für bewiesen, was andere schon als Tatsache ansehen. Bevor George die Wahrheit über seinen Vater erfährt, erlebt er wilde Abenteuer mit Waffenschmugglern, Indianern und Bären.

Eine spannende Erzählung mit lebensechten Gestalten, die im größten Durcheinander Jesus Christus als die tragende Kraft ihres Lebens erfahren.

Ab 10 Jahren

Craig Massey

Die Rache des Takoma

Band 5 der Kinderbuchreihe

»Jung und Jünger«

Paperback, 240 Seiten

ISBN 978-3-86699-764-6

Diese Erzählung führt uns in die Zeit der frühen Besiedlung Kanadas. George Lockan findet auf der Flussfahrt zu seinen Freunden einen verkommenen, halb verhungerten Indianderjungen, den er »Brauner Schatten« nennt. Aus Mitleid nimmt er ihn mit, muss aber erfahren, dass man ihn wegen dieses Jungen verfolgt. Nur knapp entkommen die beiden mehreren Anschlägen. Takoma, ein alter Indianer, mit dem »Brauner Schatten« vorher zusammengelebt hatte, will den Jungen zurückhaben. Wie wird sich George verhalten? Wird er seinen Schützling im Stich lassen?

Eine packende, erlebnisreiche Erzählung, die den Leser bis zur letzten Seite in Atem hält.

Diese Geschichte ist die Fortsetzung des Buches »Im Land der schwarzen Bären«. Sie ist jedoch in sich abgeschlossen und setzt die Kenntnis des ersten Bandes nicht voraus.

Ab 10 Jahren

Heinz Böhm

Verrat auf Burg Schlangenfels

Band 6 der Kinderbuchreihe »Jung und Jünger«

Paperback, 192 Seiten
ISBN 978-3-86699-765-3

Es geschehen unheimliche Dinge im Moosgrund: Räuberbanden durchstreifen die Wälder und versetzen die friedliche Dorfgemeinschaft in Angst und Schrecken.

Zufällig wird der neugierige Wulf Zeuge eines Verbrechens und gerät in eine große Klemme. Wem kann er sein Geheimnis anvertrauen? Wer wird ihm als Findelkind glauben? Wer kann ihm helfen?

Durch ein »sprechendes Buch« bekommt er endlich Antworten und Hoffnung – und sein Leben wird für immer verändert!

Ein spannendes Abenteuer über Mut, Vertrauen und den rettenden Glauben.

Ab 10 Jahren